四书五经名句鉴赏

(双色版)

许登孝 编著

四川辞书出版社

图书在版编目(CIP)数据

四书五经名句鉴赏：双色版 / 许登孝编著.
2 版. -- 成都：四川辞书出版社，2024.9. -- ISBN 978-7-5579-1645-9

Ⅰ. B222.1;Z126.1

中国国家版本馆 CIP 数据核字第 2024RR4209 号

四书五经名句鉴赏（双色版）
SISHU WUJING MINGJU JIANSHANG (SHUANGSE BAN)

许登孝 编著

责任编辑 /	钟　欣
封面设计 /	成都编悦文化传播有限公司
版式设计 /	王　跃
责任印制 /	肖　鹏
出版发行 /	四川辞书出版社
地　　址 /	成都市锦江区三色路 238 号
邮政编码 /	610023
印　　刷 /	成都市川侨印务有限公司
开　　本 /	880 mm×1230 mm　1/32
版　　次 /	2024 年 9 月第 2 版
印　　次 /	2024 年 9 月第 1 次印刷
印　　张 /	20
书　　号 /	ISBN 978-7-5579-1645-9
定　　价 /	49.80 元

·版权所有，翻印必究
·本书如有印装质量问题，请寄回出版社调换
·制作部电话：(028)86361826

前　言
Qian Yan

　　中国有五千多年的文明史，源远流长、博大精深的中国文化，既令生于斯、长于斯的数以十亿计的子民为之自豪，也令异国他邦的人民欣羡不已。许多学说在这块厚载万物的神州大地上，得到了宣扬和传播，构成了中国文化的多元性。
　　中国文化的这种多元性，既来自它本身的自创性，这是主要的，也来自它对外来文化的吸收和包容，因而形成了中国文化的五彩斑斓、光辉耀眼，在世界文化的百花园中，独放异彩，令万众瞩目。
　　无可讳言，在数千年来的中国多元性的文化中，其主流文化是以孔孟为代表的儒家学说。儒

家学说曾经在中国及其周边国家起过极其重要的作用,成为东方文化的代表。近一百多年来,西学东渐,西方文化挟持其坚船利炮,使儒学受到猛烈冲击,儒家学说进入低谷时期。但在20世纪后半叶,儒家学说又焕发出了新的活力。现在,儒学不仅开始回归中国,并正走向世界。

数千年来,儒学经籍浩繁,汗牛充栋,人们要想一窥堂奥,殊属不易。除鸿儒学者外,一般人对儒学的汲取主要是靠儒学经籍的名篇名句。这些名篇名句,两千多年来在传承东方文明中,起着重大的作用。

儒学的经典名句,是儒学的精华所在。《周易》中的"穷则变,变则通,通则久",《尚书》中的"人心惟危,道心惟微,惟精惟一,允执厥中",《礼记》中的"大道之行也,天下为公",《大学》中的"自天子以至于庶人,壹是皆以修身为本",《论语》中的"志士仁人,无求生以害仁,有杀身以成仁",《孟子》中的"富贵不能淫,贫贱不能移,威武不能屈",《诗经》中的"青青子衿,悠悠我心"等等,这些经典名

句,言简意赅,广为流传,成为中国人民立身处世、治国安邦的精神支柱。

儒学的经典名句,具有能传之千古、播之四海的功能,让世世代代的人们受其熏陶教育,从而使整个儒学的传承,像浩浩长江,永不衰竭,且历久常新。即使遭遇浩劫,像火中凤凰,亦能劫后重生,而不稍减其光艳。

环观世界,在埃及、巴比伦(今伊拉克)、印度及中国四个文明古国中,其文明能一脉相传至今的,只有中国。其中原因固然很多,但儒学经典名句的广为传诵,不能说不是其中一个原因。

儒家经典名句之所以能广为传诵,就其内容说,蕴含着丰厚的文化底蕴,闪现着深刻的思想和智慧的光芒,体现着伟大的人格力量;就其形式说,它语言洗练,用词精辟,具有非凡的表达能力,故能让人一读就朗朗上口,久而不忘。即使不识字的人,通过各种传媒的宣扬,也能口诵心惟,从而使思想境界提升到一个新的高度。

这一切,便是儒学经典名句的魅力所在。

这本名句鉴赏主要从儒学早期的经典著作，即四书五经中摘取编写而成。五经，即《周易》《尚书》《诗经》《礼》（含《周礼》《仪礼》《礼记》）《春秋》（含《春秋左传》《春秋公羊传》《春秋榖梁传》）；四书，即《大学》《中庸》《论语》《孟子》。从这些儒家经典著作中摘采了一千余条经典名句，后经删汰、整理、分类编写。全书共分11个类别，计有治国、道德、修养、伦理、节操、处世、教育、哲学、文艺、爱情及其他，共400多个条目。举凡涉及思想文化等各个领域，无敢阙如，靡不毕包，涵盖了四书五经中的主要内容。这有助于为广大读者提供有益的资料，免其翻检之劳。

在编写体例上，每个名句后面均有出处、注释、译文及赏读，俾对初涉古籍的青少年，有所裨益。

这项工作，若能在当前传承中国优秀文化方面有所助益，则编者幸甚！

本人虽有志于此，但颇感疏浅，恐力不能逮，尚祈硕学贤达教正。

许登孝

目 录
Mu Lu

治　国

（一）君臣言行 …………………………… 1
（二）治国方略 …………………………… 13
（三）为政以德 …………………………… 47
（四）任贤使能 …………………………… 66
（五）爱　　民 …………………………… 78
（六）理　　财 …………………………… 98
（七）教　　化 …………………………… 108
（八）去　　邪 …………………………… 119

(九) 反　　战 …………………… 137

道　德

(一) 道德的重要 …………………… 146
(二) 提升道德水准 ………………… 162
(三) 道德的缺失 …………………… 180

修　养

(一) 修身为本 ……………………… 204
(二) 修身之道 ……………………… 221
(三) 慎独自省 ……………………… 246
(四) 严于律己 ……………………… 259

伦　理

(一) 伦理准则 ……………………… 278
(二) 孝为人本 ……………………… 287

节　操

（一）人格尊严 …………………… 307
（二）舍生取义 …………………… 324
（三）清廉正直 …………………… 339

处　世

（一）知所进退 …………………… 351
（二）尊上敬下 …………………… 369
（三）谨言慎行 …………………… 380
（四）交友贵德 …………………… 406
（五）居安思危 …………………… 421

教　育

（一）立教兴邦 …………………… 430
（二）教育机制 …………………… 441
（三）为师之道 …………………… 452
（四）为学之方 …………………… 464

哲　学

(一) 论自然规律 ·················· 490
(二) 朴素的辩证法 ················ 507
(三) 学说核心 ···················· 515
(四) 学术争鸣 ···················· 523

文　艺

(一) 文艺功能 ···················· 530
(二) 经籍评价 ···················· 539

爱　情

爱情 ···························· 552

其　他

其他 ···························· 570

名句索引

名句索引 ························ 585

治 国

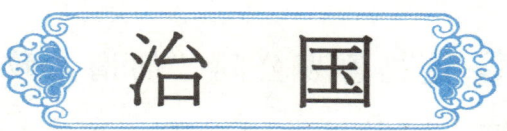

01 政者，正①也。君为正，则百姓从②政③矣。

出处 《礼记·哀公问第二十七》

注释 ①正：端正，指言行端正。②从：跟从。③政：同"正"，端正。

译文 "政"的意思就是"正"。做国君

的只要（自己的）言行端正（做一国之表率），那么天下百姓的言行也就会跟着端正起来。

赏读 这是鲁哀公问"何谓为政"时孔子的回答。国君是一国之主，其言行、仪态及嗜好，均为一国之表率，其影响是深远的。在封建专制体制下，国君拥有绝对的权力，人们要对其绝对权力进行制约，几乎是不可能的。故孔子回答说："政者，正也。君为正，则百姓从政矣。君之所为，百姓之所从也。"儒家的另一大师荀子(名况，又叫孙卿)对此说得更生动形象，他说："君者仪(仪表，即日晷)也，民者景(影子)也，仪正而景正；君者槃（盘子）也，民者水也，槃圆而水圆。君者，盂也，盂方而水方。"总之，在专制社会里，君贤则国治，君不能者其国乱，这似乎已是规律。因此，在儒家的经典著作《礼记》中对国君的言行及应进行的教育,都作了很明确而又详尽的规定,借以提高国君的道德修养,使其自律。

天子者,与天地参①,故德配②天地……居处有礼,进退有度③。

出处 《礼记·经解第二十六》

注释 ①与天地参(sān):意为同天、地配合为"三才",参与天地之化育。古人认为天地之间,万物群生,唯人最灵,最有创造性,与天、地配合为"参",化生万物,故称"三才"。参,配合成三的。②配:匹配。③度:制度、规矩。

译文 天子与天、地并列为三,所以(天子的)德行应与天、地相匹配……起居要有一定的礼仪,应对进退要合乎规章制度。

赏读 这是孔子的话。他认为天子是天下人之共主，掌握着巨大的权力，既参与天地之化育，又操控万物生杀予夺之权，所以说"天子者，与天地参"，故德也应该与天地相匹配，即应有高尚的道德修养。接着便对天子在朝廷议事、燕处、听乐、行步、升车等等日常行为，提出正面要求；最后归结为"居处有礼，进退有度"，对天子的一言一行都进行严格规范，使之不至于走上邪途，祸害百姓。

03

一言①而可以兴邦②……一言而丧邦③。

出处 《论语·子路第十三》

注释 ①一言：一句话。②兴邦：使国家兴盛。邦，国，指诸侯国。③丧邦：使国家灭亡。

译文 一句话就可以使国家兴盛起来……一句话也能使国家趋于灭亡。

赏读 这是孔子对鲁定公问为君之道的回答。孔子认为，单凭一句话不可能有如此大的效果，只能说有近似的效果，关键在于国君对其职责认识正确与否。如果国君说："为君难，为臣不易。"这样，国君便会事事勤勉，国家就有可能兴盛起来；如果国君说："当一个国君很快乐！我说话没人敢违抗。"这样，如果他说的话不正确也没人敢违抗，那么这个国家就会趋于灭亡。

04
君使①臣以礼，臣事②君以忠。

出处 《论语·八佾(yì)第三》

注释 ①使：使用。②事：侍奉。

译文 国君使用臣子，要以礼相待；臣子侍奉国君，应该忠诚勤勉。

赏读 这是孔子对鲁定公问君臣关系的回答。孔子认为，君臣关系应该是君敬臣忠，各尽其责，是相互尊重的关系。这与后世一些人强调"皇上英明，臣罪当诛"、"君权至上"的"愚忠"观点有很大的不同。何谓"忠"？荀子说："逆命而利君谓之忠。"并不强调臣对君应无条件地绝对服从，还主张"从道不从君，从义不从父"。而孟子说得更干脆："民为贵，君为轻，社稷次之。"直接提出了"民贵君轻"之说，否定了"君权至上"的观点。从这里看，早期儒学对君臣关系的论点，还是进步的。

05

一家①仁,一国兴②仁;一家让③,一国兴让;一人④贪戾⑤,一国作乱。

出处 《大学》第十章

注释 ①一家:指国君家庭。②兴:兴起。③让:谦让,不争权夺利。④一人:指国君。⑤贪戾(lì):贪婪暴戾。戾,乖戾,乖张。

译文 如果国君的家庭成员之间,仁爱和睦,那么整个国家就会兴起仁爱和睦的风气;如果国君的家庭成员之间,互相谦让有礼,整个国家就会兴起谦让有礼的风气。反之,如果国君贪婪残暴,整个国家就会产生动乱。

赏读 这是曾子(曾参,孔子弟子)阐述国君应如何"齐家治国"的话。他从正反两个方面说明国君必先提高自己及家庭成员的道德水平的道理，强调国君及其家庭成员素质的好坏，对国家盛衰治乱的重要作用，从而阐明治国在齐其家，特别是首先整顿好国君的家的道理。据说，《大学》一书，系曾子所作。以孔孟为代表的儒家学说，提倡德政、爱民，反对暴政、虐民，因此很重视提高每一个人的品德，而提高品德的途径在"修身"。所以修身，便是儒家，特别是宋以后以程(程颢、程颐兄弟)朱(熹)为代表的理学家强调得较多的课题。朱熹还特地把《大学》《中庸》从《礼记》中抽出来，与《论语》《孟子》合并为"四书"。《大学》是专讲治国大道的。

06

一人①有庆②，兆③民赖④之。

出处 《礼记·缁衣第三十三》

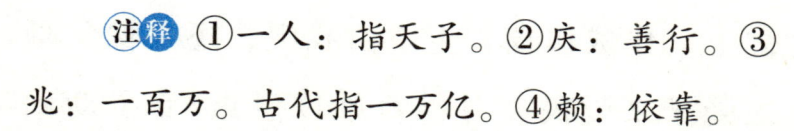

注释 ①一人：指天子。②庆：善行。③兆：一百万。古代指一万亿。④赖：依靠。

译文 国君有美德善行，天下亿万臣民皆能受其恩惠。

赏读 这里特别强调的一个道理是：君主的美德善行，是亿万人民的福祉，因此天下人皆能受其恩惠。故天子的言行，不可不慎。

07

天子作民父母，以为天下王。

出处 《尚书·周书·洪范》

译文 天子应当像做臣民的父母一样，来做天下臣民的君主。

赏读 这是箕子（纣之贤臣）对周武王讲的治国之策。这里提到的是君主对百姓的态度：是利用手中的权力、地位，凌驾于百姓之上，作威作福，生杀由我呢，还是像父母之爱子来爱民，并给百姓以恩惠？箕子劝武王采取后一种态度。"天子作民父母"这种观点，虽还没有上升到"做人民公仆"这样一种近现代人的思维高度，但在专制体制下，这也不失为是进步的、开明的思想。执政者把治下的子民当作儿女，而不是当作奴隶，这种思想对关注人民的生存发展，应该说起到了一定的积极作用。

08

上①好②是③物，下必有甚者④矣。

出处 《礼记·缁衣第三十三》

注释 ①上：指国君。②好（hào）：喜爱。③是：这。④甚者：甚于君之人。

译文 国君爱好某种东西，下面臣民的

爱好一定会比这更厉害。

赏读 国君是一国之主，万民之表率，众望之所归，其爱恶，是导向性的，影响是巨大的。明万历年间宫中尚促织之戏（斗蟋

蟋),结果造成民间不少悲剧;战国时楚王好细腰,结果宫中女子多饿死。故国君之喜好,可不慎欤?

09 无偏①无党②,王道荡荡③。

出处 《尚书·周书·洪范》

注释 ①偏:偏私,偏袒徇私。②党:朋党。③荡荡:广大貌。

译文 (国君)没有偏私,没有朋党,王道就是广阔、顺畅的。

赏读 为人君者,当无偏袒徇私之举,措施公正,不要因为私恶,便滥罚善人,因为私好,便谬赏恶人。国君一旦有私好私恶,行为便会有偏袒,举措便不会公平,就会失于正道,从而造成政局不稳。国君偏私是政之大患。

（二）治国方略

01
大道之行①也，天下为公②。

出处 《礼记·礼运第九》

注释 ①行：通行。②天下为公：即天下是天下人所共有的，此处意为国君之位取禅让制授予贤德之人，如尧禅位于舜，舜禅让于禹，不私传子孙。公，共有。

译文 大道通行于天下时，天下是天下人所共有的。

赏读 "天下为公"，是相对于"天下为家"的概念。"天下为家"，即天子以天下为家，天子之位传于其子孙，以天下为私有。"天下为公"，这是儒家所设想并憧憬的"大同世界"。在这个理想的世界里，天子之位是禅让的，执政官员都是公选出来的贤能之人，社会上人们和睦相处，亲如一家，社会的每一个成员均有所养、所用、所终，没有奸诈的小人，盗贼绝迹，夜不闭户……这就是孔子所描绘的"大同世界"的情景。这虽然是乌托邦式的，但却给人们展示了一个理想的美好的未来。

02

大学①之道，在明明德②，在亲民③，在止于至善④。

出处 《大学》第一章

注释 ①大学：大人之学。大人，指有位者，即官员之称。《左传·昭公十八年》：

"而后及其大人。"注云："大人，公卿大夫也。"郑玄注："大学者，以其记博，学可以为政也。"故《大学》即为官从政之学。②明明德：前一"明"，为彰显之意；后一"明"，为清明、光明之意。明明德，意为彰显清明的品德。③亲民：有两解。朱熹注："亲者，新也，革其旧之谓也。"意为使人民日新，又日新，进步不已。又，明代学者王阳明解"亲民"为亲近人民，即亲爱其民。④止于至善：意为大学之道，必至于至善而不迁也。至善，善的最高境界。

译文 大学的宗旨，在于彰显清明的品德，在于（用这种清明的品德）使广大人民日新、又日新，进步不已，在于使广大人民达到善的最高境界。

赏读 朱熹认为，《大学》第一章是孔子的话，而由曾子讲述出来的。《大学》的主要内容是讲修身、齐家、治国、平天下的学问。这里讲的"大学之道，在明明德，在亲民，在止于至善"，这三点是《大学》一书的总纲，也是治国的总方针。

03

国不以利①为利②，以义③为利也。

出处 《大学》第十二章

注释 ①利：此指财富。②利：利益。③义：指仁义，即社会的公理和正义。

译文 治国不要把财富当作国家利益，而要把仁义、把社会的公理和正义当作国家的利益。

赏读 "义""利"之辩,在中国进行了几千年,争论的焦点是"义""利"孰为重。儒家主张德政、仁政,主张以仁义治国,因此自然把"义"放在头等重要的位置来考虑,从而鄙弃那种"上下交(相)征(追求)利"、弃仁义于不顾而竞相追逐私利的局面。"义"和"利"二者缺一不可,一个国家不能没有"利",但更不能没有"义",但在"义"与"利"相冲突时,应以"义"为先,要讲公理与正义,万万不可唯"利"是图。古罗马哲人奥古斯丁说得好:"国家一旦没有了正义,就沦为一个巨大的匪帮。"

04

使老有所终①,壮有所用②,幼有所长③,矜寡孤独废疾者④,皆有所养⑤。

出处 《礼记·礼运第九》

注释 ①终：指老年人得到赡养，终其余年。②用：指青少年才能得到发挥，才有所用。③长：指婴幼儿得到抚育而成长。④矜(guān)寡孤独废疾者：矜，同"鳏"，指老而无妻的人。寡，指老而无夫的人。孤，幼年失去父母的人。独，老而无子女的人。废疾者，残废及有病的人。⑤养：指得到供养。

译文 让社会上的老人们得到赡养而能安享晚年，青壮年的才能得到发挥，婴幼儿得到抚育成长，鳏寡孤独和残疾人、病人，都得到供养。

赏读 这里讲执政者要创造条件，建立一个良好的社会制度及有效的保障体系，使社会中的每一个成员都能各尽所能、各得其所。儒家学说重视"人"，提出"以人为本""民惟邦本"的民本主义思想，因此"为民"

的措施,是孔孟儒学原典关注的重点。

05

贵有德①,贵贵②,贵老,敬长,慈幼③。

出处 《礼记·祭义第二十四》

注释 ①贵有德:尊重有道德的人。贵,尊重。②贵贵:尊重有地位的人。③慈幼:爱护儿童。

译文 尊重有道德的人,尊重地位高贵的人,尊敬老人,尊敬长辈,爱护儿童。

赏读 这是孔子对其弟子子贡说的话。社会既是由一个一个的人组成的,因此,孔子要求执政者要有仁爱之心,要尊重人,特别是有德及有社会地位的人,同时还要尊老、敬长、爱幼,形成一种良好的尊重人、关心人的社会风气,这也是重要的治国之道。

06

《康诰》曰:"惟命①不于常②。"道善则得之③,不善则失之矣。

出处 《大学》第十一章

注释 ①命:指天命。②不于常:不会常保。指帝位不常,上天不会专佑一家。③之:指前面的"天命",亦即天命所归之帝位。

译文 《尚书·周书·康诰》说:"只有天命是不会常保的。"所作所为善,才会得到天命,得到帝位;所作所为不善,就会失去天命,失去帝位了。

赏读 在中国长达数千年的文明史中,"天命"这一概念频频出现,这是为什么?说到底是为了回答天子地位权力的合法性、帝位是谁授予的这一重要的问题。学者们提出，天子的地位、权力是"天命攸归"，帝王是"奉天承运"，目的在使天子地位及权力的合法性有理论依据。但《尚书·周书·康诰》则提出"惟命不于常"的观点，《大学》则进而发出"道善则得之，不善则失之矣"的警告，目的是告诫帝王们：天命是不常的，要想长保帝位，就要施行善政，否则天必不佑，帝位必然会失去。

一张①一弛②，文武③之道④也。

出处 《礼记·杂记下第二十一》

注释 ①张：张弦，拉开弓弦。②弛：落弦，即松弦。③文武：周文王、周武王。④道：治国之道。

译文 （治理百姓）像操纵弓箭一样，既要紧张，也要松弛，这就是周文王、周武王治国的原则。

赏读 这是孔子的话。他以操纵弓弦为喻阐明治国之道,认为若弓弦久张而不松,则损其弓力,以喻民久劳而不息则损民力。反之,若弓弦久弛而不张,则失掉弓弦往来之体用,以喻民久休息而不劳苦,则会产生娇惰之志。而一时需张,一时需弛;一时需劳,一时需逸,一张一弛,劳逸结合,这才是文武治国之道。这"一张一弛"的话,毛泽东主席在20世纪50年代曾引用过,以此告诫全党要注意保护民力。

08

政不正①,则君位危;君位危,则大臣倍②,小臣窃③。

出处 《礼记·礼运第九》

注释 ①政不正:政事不能行正道。

②倍：同"背"，背叛。③窃：盗窃。

译文 如果政事不能行正道（以致发生重大政策错误），那么国君的地位就岌岌可危；国君的地位岌岌可危，大臣就有可能背叛，小官吏就会乘机盗窃国家财物。

赏读 这是孔子的话，意在告诫国君们，对于政事要谨慎，要行正道，施行正确的政策措施，否则后果堪虞。

09

刑肃①而俗敝②，则民弗归③也，是谓疵国④。

出处 《礼记·礼运第九》

注释 ①刑肃：刑法峻急酷烈。②俗敝：风气败坏。敝，同"弊"，弊病。③归：归顺。④疵国：有病的国家。疵，病。

译文 刑法过于峻急酷烈，而社会风气又极端败坏，那么民众就不会归服，这叫作有病的国家。

赏读 刑法过于严酷，宽严失当，则法令无常，朝令而夕改；法令无常，则社会秩序就会紊乱，后果不言而喻。故孔子在这里告诫执政者要注意刑法适中，无过宽过严之误，同时还应培植良好的社会风气，使人心向善，以保持社会的稳定与和谐。

10

君子安①而不忘危②，存③而不忘亡④，治⑤而不忘乱⑥。

治国

出处 《周易·系辞下传》

注释 ①安：安定、稳定。②危：危险。③存：生存。④亡：灭亡。⑤治：治安良好，指天下太平无事。⑥乱：动乱，战乱。

译文 君子治国，在国家安定的时候，不要忘记危险的来临；存在的时候，不要忘记可能灭亡；在天下太平无事时，不要忘记动乱的发生。

赏读 这是孔子所著的《系辞传》里的话。《系辞传》分《上传》和《下传》，是孔子对《周易》的整体论述，阐释《周易》的哲学意义。这几句话的意思是说，安危、存亡、治乱，以至于兴衰、成败、否泰、穷通等等，在一定的时间和条件下，都是可以相互转化的。既如此，居安思危，就是非常必要的了。

11

危者，安①其位者也；亡者，保②其存者也；乱者，有③其治者也。

出处 《周易·系辞下传》

注释 ①安：稳定，安定。②保：保持。

③有：维持。

译文 危险，可以提醒人们如何安居其位；灭亡，可以提醒人们如何保持存在；动乱，可以提醒人们如何维持治世。

赏读 这是智者的思维。事物矛盾着的双方既是可转化的，那就要有"两点论"的思维逻辑，安不忘危，而不能麻痹大意。"大意"是有惨痛的历史教训为佐证的。三国时，一代人杰关羽曾雄踞一方，使曹魏政权震动，但是由于大意，由于对孙吴政权的轻视，结果造成蜀国一个顺江而下东可吞没东吴，北可掩袭曹魏的重镇——荆州的丧失，关羽本人最后也败走麦城。更要命的是，由于关羽的这一大意，就像多米诺骨牌效应一样，接踵而至的是张飞之死、刘备兵败白帝城托孤等不幸事件接二连三地发生，最终使蜀政权丧失了统一中国的条件。

12

名①不正②则言不顺③，言不顺则事不成④。

出处 《论语·子路第十三》

注释 ①名：名分、名义。②正：正确，正大光明。③顺：顺乎理。④成：成功。

译文 名分、名义不正确，说的话就不合道理；说话不合道理，事情就办不成功。

赏读 这是孔子对弟子子路说的话。有一次，子路对孔子说："卫国国君正等待老师您去主持国政，您准备先从哪里做起？"孔子说："那一定要先正名分。"孔子十分重视政治、伦理中经常发生的名分问题，他认为这实际上关系到社会的稳定及是否有序的问题。

这里举一个例子说明。有一次孔子在鲁国最有势力的执政大臣季孙家侍坐，季孙的家臣宰通禀告季孙说："国君派人来借马，请问借还是不借？"孔子当即说："我只听说国君从臣子那里拿东西叫'取'，不叫'借'。"季孙醒悟了，立即对宰通说："从现在开始，国君来拿东西叫'取'，不能叫'借'。"孔子事后评议这件事说："纠正了'借马'的说法，君臣之间的名分就确定了。"可见，孔子的"正名"，是为了维护君不失君道、臣不失臣道、父不失父道、子不失子道的这种尊卑有序、上下不失的安定局面。在现实生活中，特别是国与国的交往中，名分、名义、称呼也是非常重要的。

13

唯器①与名②，不可以假③人，君之所司④也。

出处 《春秋左传·成公二年》

注释 ①器：器物，指确定人物等级、身份高低的各种服装、佩饰、用具及交通工具等礼器之物。②名：名分、爵号、称呼等。③假：借，给予。④司：掌管、主管。

译文 只有礼器和名分、爵号、称呼等，不能随便给予别人，这是国君所掌握的。

赏读 中国数千年来，由于等级森严，因此区别一个人的等级、地位的高低，常在所用的各种服装、佩饰、用具、建筑的规格，乃至日常交通工具等，以及名分、爵号及称谓上来加以严格区分，任何人不得逾越。否则，便会被视为"不轨"，视为"大不敬",甚至视为叛逆。把这看成是政教之大节,而这一切是"君之所司也"。若轻率地以"器""名"与人,则是"与人政也",就是说把国君的执政大权也给了别人,这是很危险的事。故孔子斩钉截铁地说:"不可以假人!"

14

制治①于未乱，保邦②于未危。

出处 《尚书·周书·周官》

注释 ①制治：制定各种法令规章进行治理。②保邦：保卫国家。

译文 在社会未产生动乱之前，就订立各种规章制度进行治理；在国家没有产生危险的时候，便采取保卫措施。

赏读 这是周成王(周武王之子)的话。他认为，国家的重大谋略就在于制其治于未乱之前，安其国于未危之前。若国家政教失宜，则乱；国家不安，则危。担心出现动乱，就要预先制定防患于未然的措施；担心发生危险，就要事前谋划保障安全的策略。

15

为政者，不赏私劳①，不罚私怨②。

出处 《春秋左传·昭公五年》

注释 ①私劳：非公之劳，即非国家之劳，指为私人服务的劳绩。②私怨：私人之间的怨恨。

译文 主持国政的人，不应赏赐为自己私利效劳的人，不应惩罚对自己有私怨的人。

赏读 主持国政的人，掌握有最大的公权力，使用这种公权力，是为国家利益服务，而不是为个人利益服务。因此，一切当从国家的公义出发，秉公办事。因个人的"私劳""私怨"，而借公权力以奖惩。这实质上是以权谋私，是对公权力的滥用，其结果必对国家利益造成重大损害。

16

> 然犹防川①，大决②所犯，伤人必多，吾不克③救也。不如小决使道④。

出处 《春秋左传·襄公三十一年》

注释 ①防川：防止洪水。比喻防止百姓议论时政。②决：溃堤。③克：能。④道：同"导"，疏导。

译文 （防止百姓议论时政）就像防止洪水一样。洪水冲垮了大口子，伤人必多，我无法挽救。不如开个小口子，把水慢慢地放掉，加以疏导为好。

赏读 这是春秋时郑国著名的政治家子产说的话。当时郑国人在乡村学校校舍里聚会，议论执政得失。有人认为这对执政者不利，主张毁掉乡校，使无议论场所，以钳制舆论。子产不同意，认为这些议论执政得失的话可以借鉴，"其所善者，吾则行之；其所恶者，吾则改之，"是一剂治病的良药。他用了以上这个比喻说明对民众的议论应重在疏导而不是钳制。在两千多年前，有如此宽广的政治胸襟的人是不多见的。子产是一个很开明的政治家。

17

怨①不在大，亦不在小。

出处 《尚书·周书·康诰》

注释 ①怨：民怨。

译文 民怨不在大，也不在小。

赏读 周初，管叔、蔡叔叛乱，周公（周成王叔父，名旦，周武王之弟）以三年时间平息了叛乱，周成王封康叔(周公之弟)为卫侯，去管理该地区。这是周公告诫康叔去封国任诸侯时说的话。百姓的怨恨，不在事情的大小，虽由小事而起，因小可以至大，小怨也可积成大恨。因此，对政府官员来说，招怨之事不能做。如有使百姓不顺心之事，要做工作使之顺心，这样怨恨便可消解。这就是说，如果认真对待，做好工作，民怨虽大，也不可怕；如果不认真对待，不做工作，民怨虽小，也是可怕的。

18

宽①以济猛②，猛以济宽，政是以和③。

出处 《春秋左传·昭公二十年》

注释 ①宽：宽厚。②猛：严厉。③和：协和。

译文 用宽厚的政策措施，来调和并解决严厉的政策措施所造成的负面影响；用严厉的政策措施，来调和并解决宽厚的政策措施所造成的负面影响，这样政治就会协和。

赏读 这是孔子针对当时子产死后，郑国政策中所出现的宽严皆误的情况做的历史经验教训的总结。郑国名相子产临死时对其继任者大(tài)叔说："为政宽难。"后大叔执政，"不忍猛而宽"。宽的结果，郑国多盗，大叔悔，便派兵剿灭，"尽杀之，盗少止"。针对这一情况，孔子认为，政令过于宽厚，百姓就可能放肆，不顾法令，社会问题就多；出现这种情况，执政者就会使用严厉的手段来矫正，但政令过严，百姓就容易受到伤害。因此，宽严相济是必要的，但如何使宽严恰当，刚柔相济，使之趋于中正之道，这便是执政者应十分重视的问题。

19

受①有亿兆②夷人③，离心离德④；予⑤有乱臣⑥十人，同心同德⑦。

出处 《尚书·周书·泰誓中》

注释 ①受：商纣王，名受辛。②亿兆：亿，一万万，古代指十万为亿。兆，一百万，古代指一万亿。③夷人：平民百姓。夷，平。④离心离德：指不一条心，思想不统一，信念也不一致。⑤予：我，指周武王姬发。⑥乱臣：即治世之能臣。乱，治。⑦同心同德：指思想统一，信念一致，人心齐。

译文 那纣王受辛有亿万臣民，却离心离德；我有治国能臣十人，大家同心同德。

赏读 这是周武王伐商，会师孟津(今河南省境内)所作的誓师檄文——《泰誓》中的话。由于商纣王的荒淫残暴，倒行逆施，导致天怒人怨，亿万人民离心离德。周武王在这里强调的是，战争双方力量的对比，不在人多人少，而在人心的向背。

20

> 故政不可不慎也，务三而已：一曰择人①，二曰因民②，三曰从时③。

出处 《春秋左传·昭公七年》

注释 ①择人：选择贤才辅佐。②因民：因民之利而利之。③从时：从四时之所务。即不违农时，努力生产。

译文 所以政事是不能不谨慎的，致力于这三条就行了：一是要选择贤能之人；二是要因民之利而利之；三是顺从四时之所务。

赏读 为政之事，千头万绪，此六字便概括无遗：择人，因民，从时。至今亦适用。择人，便是提拔使用干部的问题；因民，即从民之所欲，为百姓谋福利；从时，亦即遵循客观规律，把经济搞上去。而在人治社会里，择人是第一要务，任贤则兴，任佞则亡，故安危在择人。试观汉之文景、唐之贞观开元、清之康乾，无一不是用人得当、有贤臣辅佐而成为史家所称道之盛世的。然而，与长达几千年、经历三百多个帝王的我国人治历史相比，这样的"盛世"，也不过寥若晨星、凤毛麟角而已。究其实，在制度。

21

他山①之石②，可以攻③玉。

出处 《诗经·小雅·鹤鸣》

注释 ①他山：比喻异国、异地。②石：一种可以雕琢玉的石。许慎《说文解字》称此石为"厝(cuò)"，即"错"。同诗又云："他山之石，可以为错。"错，即磨刀石。③攻：即"治"，引申为雕琢。

译文 另一个山上的石头，也可以用来雕琢我的玉。

赏读 "他山之石，可以攻玉"，是一个引用频率很高的名句。这是比喻学习、借鉴异地异国的经验，可以解决自己或自己国家的问题。治国要学习、借鉴他国的有益经验、教训，这是非常重要的，有益的。而借口国情不同，拒绝学习外国经验，闭关自守，故步自封，顽固不化，抱残守缺，而不能与时俱进，是注定要落后的。落后就要挨打，这是铁定的历史规律。

21

唇亡[1]则齿寒[2]。

出处　《春秋公羊传·僖公二年》

注释　①唇亡：没有了嘴唇。亡，失掉。②齿寒：牙齿感到寒冷。

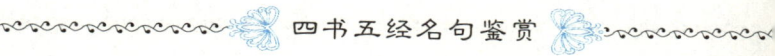

译文 嘴唇没有了,牙齿就会感到寒冷。

赏读 这句话隐含了历史上一个有名的故事。春秋时,晋是大国,晋献公想吞掉虢(Guó)国,但中间隔了个虞国,便派人送了

好马和宝玉给虞国国君，请求借道攻打虢国。虞国谋臣宫之奇劝阻虞公，认为虢虞两国是唇齿相依的国家，晋灭掉虢后，虞也保不住，唇亡则齿寒，晋国必然顺道灭掉虞。但虞公贪恋名马及宝玉不从其谏。果然晋灭虢后，回军途中一举灭掉了虞国。这说明在国际风云变幻中，与邻国及友邦睦邻相处，形成守望相助、患难相扶持的态势，是非常重要的。

23

其人①存②，则其政举③；其人亡④，则其政息⑤。人道敏政⑥，地道敏树。

出处 《中庸》第二十章

注释 ①人：指本人或与其思想观点一致的继任人。②存：在位。③政举：政策得以贯彻施行。④人亡：本人或与其思想观点一致的继任人不在位。⑤政息：政策得不到贯彻施行。⑥敏政：指各种政策快速推行。敏，迅速。

译文 如果制定某一政令的人或与他思想观点一致的继任人在位的话，这项政令就能得到贯彻施行；如果制定这一政令的人或与他思想观点一致的继任人不在位了，那么这项政令就得不到贯彻施行。贤人治理国家，政事就能迅速推行；沃土植树，树木就能快速增长。

赏读 这是孔子答鲁哀公问政的话。孔子提出"为政在人"、人存政举、人亡政息的问题，强调执政者的修养很重要，不仅关乎政治成败，还关乎人民祸福。人存政举、人亡政息是中国政坛上数千年来不断出现的一个通病。当然如果是不好的、坏的政令，"息"了也好，但好的政令呢？也能让它因人而"息"吗？今天我们认识到，解决这一问题的根本途径，应当是施行法治，依法治国。

24

其①身正②，不令③而行④；其身不正，虽令不从。

出处 《论语·子路第十三》

注释 ①其：指居上位的人。②正：正派，做事合乎正道。③令：发布命令。④行：执行。

译文 在上位的人本身正派，不发布命令百姓也会照样去做；他本身若不正派，即使下严令也不会有人服从。

赏读 这是孔子的话。在人治社会中，人们常见的现象是：官场中法令规章卷帙浩繁，汗牛充栋，而当权者自身却并不遵守。因此要使政令顺利推行，首先要使自己正派起来，奉公守法，秉公办事，而不能以权谋私，胡作非为。

25

苟①正其身②矣，于从政③乎何有④？不能正其身，如正人⑤何？

出处 《论语·子路第十三》

注释 ①苟：如果。②正其身：指国君使自己作风正派起来。③于从政：对于管理国家事务。④何有：有什么困难呢？⑤正人：使别人正派。

译文 如果国君能使自己作风正派起来，对于从事国务活动还会有什么困难呢？如果自己作风不正派，又怎么能够要求别人正派呢？

赏读 这是孔子的话。这里讲的意思仍是强调"政者，正也"，欲正他人，则先正自身的道理。能正自身，从政不难，若自身都不能正，则虽令不从，又怎么能去正别人呢?

治国

（三）为政以德

01

德①惟善政②，政在养民③。

出处 《尚书·虞书·大禹谟》

注释 ①德：此指德政。②善政：好的政治。③养民：养育人民（使百姓生活得好）。

译文 德政才是好的政治，政治的最终目的在于养育人民。

赏读 这是舜帝与大臣皋陶(yáo)及大禹三人在一起议论政事时，大禹对舜帝说的话。"德惟善政，政在养民"，这是我国古代先哲们提出的政治好坏的标准及终极目的，言简意赅，内涵亦颇有深度。这里说的"善政"与"德政""仁政"是同一个意思，就是要以民为本，造福于民，使百姓生活得幸福。

02

德惟治①，否德乱②。

出处 《尚书·商书·太甲下》

注释 ①德惟治：为政以德则治。治，天下太平，政治清明。②否德乱：为政不以德则乱。

译文 只有推行德政，天下才会大治；不推行德政，天下就会大乱。

赏读 这是商朝名相伊尹归政于太甲（商代第四个帝王）时，所作的告诫。他告诫太甲，作帝王的，为善则治，为恶则乱，故治乱在于效法善或恶。伊尹从治乱的不同结局，来强调德政的重要，这很能发人深省。

03

皇天无亲①，惟德②是辅③；民心无常④，惟惠之怀⑤。

出处 《尚书·周书·蔡仲之命》

注释 ①无亲：没有亲疏之分，公正对待。②德：指有德的人。③辅：辅助(他)。④无常：(老百姓的心里)没有固定不变的要归顺之君主。⑤惟惠之怀：只怀念仁爱的君主。

译文 皇天对人没有亲疏之别，一律公正对待，他只辅助有德之人；百姓心中没有固定不变的要去归属的君主，只向往关爱自己的君主。

赏读 这是周成王对蔡仲(姬胡)到其封地蔡国时所作的诰命，故称为《蔡仲之命》。这里从"皇天"与"民心"之向背，这两个当时认为最重要的着眼点，来强调德政的重要。要注意的是，我国古代思想家强调"天人合一"的理论，常将"皇天"与"民心"并举，但是，讲"皇天"实际上是讲"民心"。《尚书·虞书·皋陶谟》云："天聪明，自我民聪明；天明畏，自我民明威。"这意思是说，上天听到的、看到的，都来自百姓听到的、看到的；上天赏罚之威，实可令人生畏，但上天之赏之罚，也都来自人民的声音。这等于是说"民心"即是"皇天"之心，"民"就是"皇"，人民就是上帝；得罪人民就是得罪上帝，就会失去皇位。将"民心"与当时最大的思想权威"皇天"

等同起来，对帝王的行为，加以事前的威慑和约束，这便是我国古代思想家的聪明之处。

04

> 为政以德，譬如北辰①，居其所②而众星共③之。

出处 《论语·为政第二》

注释 ①北辰：即北极星。古人认为是"天之最尊星也……天运无穷，三光迭耀，而极星不移，故曰居其所而众星共之"（《观象玩占》）。②居其所：高居于它固定的位置。③共（gǒng）：同"拱"，拱卫，环绕。

译文 施行政事要用仁德，便会像天上北极星一样，固定在一定位置不移动，而所有的星辰都会环绕着、拱卫着它。

赏读 这是孔子的话。他以北极星受众星拱卫为喻，阐明国君为政之要当以仁德为本，这样人民便会像众星拱卫北辰一样，归顺于他。但"为政以德"是不是无所事事呢？非也。清代学者李允升在《四书证疑》中认为："为政以德，则本仁以育万物，本义以正万民，本中和以制礼乐(指国家制度法令)，亦实有宰制，非漠然无为也。"

05

> 善人为邦百年①，亦可以胜残②去杀③矣。

出处 《论语·子路第十三》

注释 ①为邦：治理国家。②胜残：使残暴之人改恶从善。③去杀：除却杀戮，即废除死刑。

译文 善人连续治理国家如果长达百年之久的话，就可以使残暴的人改恶为善，国家也可以废除死刑了。

赏读 孔子在这里强调的是德政的教化作用。他认为，如善人执政百年，德政如春风化雨，润物无声，在潜移默化中，可使坏人改恶从善，国家甚至连死刑都可以废除，因为没人犯杀头之罪了。朱熹为此作注说："程子曰：汉自高、惠至于文、景，黎民醇厚，几致刑措(措，弃置不用)，庶乎其近之矣。"从汉高帝到文帝、景帝，不过六十多年，就连刑法也几乎弃置不用了，这显然有夸大之处。但当时值秦末战乱之后，天下承平日久(太平时间长达半个多世纪)，这几任帝王又都主张清静无为，不滋事扰民，不急功近利，民风较为醇厚，犯罪率低，这是可以肯定的。

06

> 未有仁而遗①其亲②者也,未有义而后③其君者也。

出处 《孟子·梁惠王上》

注释 ①遗:遗弃。②亲:父母、家族亲人。③后:背叛。

译文 如果一个人存有仁爱之心,他就决不会遗弃他的父母及家族亲人;如果一个人存有正义之心,他就决不会背叛他的国君。

赏读 这是孟子对梁惠王讲的话。梁惠王对孟子的到来,抱有很大希望,他认为孟子是苏秦、张仪一类的纵横家人物,所以一开头便说:"叟!不远千里而来,亦将有以利吾国乎?"先就说到"利"。孟子也毫不客气地说:"王何必曰利!亦有仁义而已矣!"

孟子这样说，是有针对性的。当时整个社会风气败坏，诸侯更是见利忘义，置人民生死于不顾，战争频仍，民不聊生。针对这种情况，孟子倡仁义之说，提出国君要施仁政，而不要只想到个人私利。孟子认为，人只要有了仁爱之心，在家不会遗弃老人，在国不会背叛君主。国民良好的道德素质，是保持社会稳定、国家长治久安的重要条件。

07

以不忍人之心①，行不忍人之政②，治天下可运之掌上③。

出处 《孟子·公孙丑上》

注释 ①不忍人之心：同情、关怀他人之心。忍，狠。②不忍人之政：同情、关怀他人的仁政。③运之掌上：在手掌上运转东西，言其容易。

译文 以同情、关怀他人之心,来施行同情、关怀他人的仁政,治理天下就像在手掌上运转东西一样容易。

赏读 不忍人之政,就是仁政。孟子认为每一个人都有一颗不忍心看见别人受苦的同情心,这说明人性本善,这也是孟子哲学思想的理论基础。因此,施行仁政,每一个国君都可以做到。而只要施行仁政,天下人就会衷心拥护,治天下也就不难了。这就是以德服人。孟子在当时强调仁政,是从民本思想出发,针对暴政而言。

08

三代①之得天下也,以仁②;其失天下也,以不仁。

出处 《孟子·离娄上》

注释 ①三代:指夏禹王、商汤王、周武王,历史上他们被称为仁德之君。②仁:仁爱。

译文 夏、商、周三代开国君主之所以得到天下,是因为他们有仁爱之心,关爱百姓;而他们的末代子孙失去了天下,是因为他们都是残暴昏庸之君,不关心百姓,施行暴政。

赏读 这是孟子对在他之前近两千年的历史规律进行的最精辟、最简练的总结和概括。他指出,得天下与失天下,最根本的原因是国君施不施行仁政,亦即对人民的态度的好与坏。仁,得天下;不仁,失天下。这一存亡之道,不仅是夏商周三代的历史规律,也是整个人类的历史规律。

09

天子不仁，不保四海①；诸侯不仁，不保社稷②；卿大夫不仁，不保宗庙③；士庶人④不仁，不保四体⑤。

出处　《孟子·离娄上》

注释　①四海：天下。②社稷：代指诸侯的国家。社，土神；稷，谷神。③宗庙：家庙。代指卿、大夫等官员的地位、财产。④士庶人：士，古时介于大夫（官员）和庶人（百姓）之间的一个阶层，但这个阶层的某些人，随时皆可成为大夫或卿。庶人，平民百姓。⑤四体：性命。

译文　天子不仁，就不能保住他的天下；诸侯不仁，就不能保住他的国家；卿、大夫等官员们不仁，就不能保住他们的地位、财产；士、庶人不仁，就连他们的小命也保不

住。

赏读 这是孟子的话。他从"不仁"的后果来阐明人欲安身立命，屹立于人世间，莫如行仁；如恶仁而行不仁，则祸必及身。

10

得道者①多助，失道者②寡助。

出处 《孟子·公孙丑下》

注释 ①得道者：此指能以正道即仁政德政来治理国家的人。②失道者：指不以正道治理国家的人，即施行暴政的人。

译文 能用正道，即以仁政德政来治理国家的人，能得到很多人的帮助；不能用正道，即用暴政治理国家的人，得到的帮助就少。

赏读 这是孟子的名言。孟子认为只要能以正道治国临民，则得"多助"，多助之至，天下人自会归顺于他，而并不在于封锁边界，仗恃天险，依靠军威。反之，如施行暴政，则"寡助"，寡助之至，则众叛亲离。这便是"得道者"与"失道者"的两种不同结局。

11

老吾老①，以及人②之老；幼吾幼③，以及人之幼。

出处 《孟子·梁惠王上》

注释 ①老吾老：尊敬我的老人。前一"老"字，作"敬老""尊敬"讲，后一"老"字，作"老人"讲。②及人：推广到别的人。③幼吾幼：爱护自己的子女。前一"幼"字，作"爱护""慈爱"讲，后一"幼"字，作"幼儿"讲。

译文 尊敬自己的父母，推广到也尊敬他人的父母；爱护自己的子女，推广到也爱护他人的子女。

赏读 这是孟子的名言。孟子从儒家学说中的"恕"道，即推己及人立论出发，讲到国君如能尊敬天下所有的老人，爱护天下所有的儿童，这样治理天下就像"运于掌"那样容易。"老吾老，以及人之老；幼吾幼，以及人之幼"，这是孟子冲破当时封建宗法氏族社会思想的束缚而提出的一个具有深刻人性观、广义的民本思想的光辉论点，极具创造性和前瞻性。就是在两千多年后的今天，也仍闪耀着思想的光芒，照耀着人们向文明的高度挺进。

12

行一不义①，杀一不辜②，而得天下，皆不为也。

出处 《孟子·公孙丑上》

注释 ①不义：不合道义之事。②不辜：无罪之人。辜，罪。

译文 （如果叫伯夷、伊尹和孔子）去做一件不合道义的事，去杀一个无罪的人，从而就可以得到天下，称王称帝，（他们）都不会去干的。

赏读 这是孟子极力称赞伯夷、伊尹和孔子三个著名的历史人物的崇高品德的话。他指出，他们三个人都一样地不会去干"行一不义""杀一不辜"的坏事，甚至因此而享有天下，也都不会干的。为什么？因为他们都是仁德之人，具有极高的道德水平。"仁者爱人"，损人利己之事，仁者是决不会干的。

13

与其杀不辜①，宁失不经②。

出处 《春秋左传·襄公二十六年》

注释 ①不辜：无罪之人。辜：罪。②不经：不常，指不是常用的法令。经，常。

译文 与其杀害无罪之人，宁肯不依常法（免罪释放了他）。

赏读 法令本身就是保护好人，惩治坏人。但当犯罪嫌疑人确属无辜而遭致冤屈，身陷囹圄，有仁者之心的法官，宁肯犯错用法令之罪，免罪释放了他，也不会冤枉无罪的好人。为什么？怕损失了国家的好人！这也是仁爱之道。

14

虞帝①弗可及也已矣！君天下②，生无私，死不厚其子③，子民④如父母。

出处 《礼记·表记第三十二》

注释 ①虞帝：即舜帝。②君天下：做天下的君主。③不厚其子：不厚待自己的儿子，即不给自己儿子以特殊地位。④子民：以民为子。

译文 舜作为帝王谁也赶不上他啊！他做天下的君主（拥有很大的权力），生前无私心，死时也不给自己的儿子商均以特殊的地位，对待百姓像对待自己的子女一样有慈爱之心。

赏读 这是孔子称赞舜大公无私的品德。舜作为帝王，拥有很大权力，但他"生无私"，帝位是禅让给了禹的，序爵位、用人凭德才而不唯亲；"死不厚其子"，指不搞家天下，既不传位于自己的儿子商均，又不给他丰厚的财富；"子民如父母"，指对百姓则像慈父慈母般爱护。在他之后，再没有出现这样的帝王。孔子这样称赞舜，实际上透露了他对"天下为公"的大同世界的向往，对"家天下"的否定。

（四） 任贤使能

01

任官惟贤才，左右①惟其人②。

出处 《尚书·商书·咸有一德》

注释 ①左右：左右的大臣及亲信随从。②惟其人：只能是这样的人。

译文 任用官吏，只能任用德才兼备的人；国君左右的大臣及亲信随从，也只能是这样的人。

赏读 这是商朝名相伊尹还政于君王太甲，将要告老还乡时，向太甲提出的告诫。他说，政府官员，只有德才兼备的人方可任

用，不是德才兼备的人决不能任用。而左右大臣及亲信随从，必是忠良之人，不是忠良之人，不可在君王左右。这是先哲们的谆谆忠告，然而几千年来历朝历代帝王及大大小小的统治者们，用人唯亲、唯顺者，又岂少矣哉！

02 任贤勿贰①，去邪②勿疑。

出处 《尚书·虞书·大禹谟》

注释 ①贰：不专一。②邪：邪佞之人。

译文 任用贤能的人，要坚信不疑；摒弃奸邪小人，要果断。

赏读 这是舜帝和大臣大禹、益稷三个人议论政事的话。益稷认为，朝廷用人，对贤德之人要充分信任，放手使用，不要疑虑重重；而摒弃邪佞之徒，要果断，不能优柔寡断，而留下后患。但要做到这点，是很不容易的。因为专制的帝王惧怕权力、地位的丧失，一般具有猜忌、疑虑的心态，所以历代帝王杀贤人、诛功臣、搞"莫须有"、兴文字狱，代不乏人。试观明朝末代崇祯皇帝，他并非无所作为之人，在杀了弄权多年的宦官魏忠贤后，十七年便换了十几个宰相，还诛杀了袁崇焕这样忠贞耿介、使清军不敢妄窥中原的贤能大臣，终于导致明朝的覆亡，其教训是惨痛的。

03

惟治乱在庶官①，官不及私昵②，惟其能③。

出处 《尚书·商书·说(yuè)命中》

注释 ①庶官：百官。②私昵：和自己很亲近的人。③能：贤能之人。

译文 是天下大治，还是天下大乱，取决于百官们（思想素质的好坏）。提拔官员，不是提拔那些和自己私交亲近的人，而应该是贤能的人。

赏读 这是商朝名相傅说(yuè)向商高宗武丁进谏时说的话，故称之为"说命"。他强调治乱在官，官之好坏在贤能，所以要任贤使能。至于和自己私下很亲热的人，如明知其不贤能，决不能任用。

04
旁①求俊彦②，启迪③后人。

出处 《尚书·商书·太甲上》

注释 ①旁：非一方，指广泛地。②俊彦：美士，指贤能之人。③启迪：开导。

译文 广泛地访求俊杰美士，以开导教育后人。

赏读 这是商朝名相伊尹劝告君王太甲的话。伊尹建议太甲要像先王一样寻求俊杰美士来辅佐自己，并垂范于他的继任者。伊尹为辅政老臣，太甲当上君王几年后，桀骜不驯，不遵守商汤的遗训，恣意妄为，让老百姓怨声载道。伊尹一再劝告无效，便将太甲流放到外地，让其反思。三年后，太甲改正了错误，伊尹才迎太甲回到京城。

05

虽楚有材①，晋②实用之。

出处 《春秋左传·襄公二十六年》

注释 ①虽楚有材：指当时楚王无道，楚国的许多人才多奔往晋国。②晋：春秋时大国，辖地在今山西及河北南部、河南北部一带。

译文 虽然楚国有不少贤才，但都被晋国使用了。

赏读 这就是成语"楚材晋用"的出处，意思是用他国人才。当时晋楚争霸，楚国发生重大事变，俊杰之士逃亡在外的人极多，其中不少人在晋国被重用。人才难得，古今同慨；人才就是财富，就是资源。人才如外流，不仅是社会财富的损失，更会造成不良的政治后果。但一个国家如无好的用人体制，人才也很难脱颖而出，人才外流，也就难免，楚材晋用的社会现象，将会照样演绎下去。现在，将来，恐怕也会如此。

06

举直①错②诸枉③，则民服；举枉错诸④直，则民不服。

出处 《论语·为政第二》

注释 ①直：正直的人。②错：同"措"，放置。③枉：邪佞之人。④诸："之于"的合音词。之，这，他；于，在。

译文 把正直的人提拔起来，放在奸佞人之上，老百姓就心服了。反之，若是把奸佞之人提拔起来，放在正直人之上，老百姓就不服。

赏读 这是孔子答鲁哀公问"何为则民服"的话。孔子认为，要使民心悦服归顺，做君主的在用人上必须坚持一个原则：重用正派人士。对人有个考察识别的过程，一时难以分清，所以不正派之人朝朝代代都有，不可能完全杜绝。但重要的是绝不能让这帮小人成气候，这就是常说的"小人道长，君子道消"。反之，应使君子道长，小人道消，以培植社会正气。诸葛亮《出师表》云：

"亲贤臣，远小人，此先汉所以兴隆也；亲小人，远贤臣，此后汉所以倾颓也。"这便是对孔子这话最好的注脚。

07

德成①而教尊②，教尊而官正③，官正而国治。

出处 《礼记·文王世子第八》

注释 ①德成：德行有成。②教尊：教化国人，才会有威望、有尊严。③官正：官吏正派。

译文 （在上位的人）德行有成，并能以此教化国人，自己才有威望，才有尊严；自己有威望、有尊严，下面官吏的作风才会正派起来；官吏作风正派了，国家才能达到大治。

赏读 这是教育诸侯世子及帝王太子的

话。关于对世子、太子的教育，在三王时代规定必须用礼、乐来教育。礼，用来进行外在行为方面的规范；乐，用来进行内心精神方面的修养。礼乐涵养，在于内心而体现在外表，因此融合成快乐、恭敬、温文尔雅的风度。这就是说世子、太子将来要以这样的性格和行为做国君、做帝王。可见中国古代对帝王接班人的培养，道德要求是相当高的。

08

用人之知①去其诈②，用人之勇去其怒，用人之仁③去其贪④。

出处 《礼记·礼运第九》

注释 ①知（zhì）：同"智"，智慧。②去其诈：摒弃那种诈伪。去，弃。③仁：仁爱。④贪：贪欲。

译文 （国君）用人要用人的智慧，而摒弃其诈伪；用人的勇气，而摒弃其暴躁；用人的仁爱之心，而摒弃其贪欲。

赏读 这里讲的是用人之道。是说用智者的智谋，勇者的果断，仁者的爱心，就足以治理天下。但用智者、勇者、仁者的智谋、果断及施与时，又要注意消除其可能产生的有害的一面。即智者如施诈，则诈有害民之信用；勇者如施怒，则怒有害民之性命；仁者好施与，则施与使民易生贪欲。这些负面的影响，要注意消除。

09

凡官民材①，必先论②之；论辨，然后使③之；任事④，然后爵⑤之；位定，然后禄⑥之。

出处 《礼记·王制第五》

注释 ①官民材：以庶民之材为官。②论：考评、考核。③使：试用。④任事：能胜任其事。⑤爵：给予官衔。⑥禄：给予俸禄。

译文 凡以庶民之材为官，必须先考核；考核其德才之后，再试用；（经试用）能胜任其事，然后再确定其官阶；官阶确定之后，再给予相应的俸禄。

赏读 这是两千多年前记载我国古时任命官员的考核制度。从这个考核程序看，其操作、要求是严格的、慎重的、有章可循的，而不是暗箱操作，某一两人说了算数的。

10

今吾子爱人则以政①，犹未能操刀②而使割③也。

出处 《春秋左传·襄公三十年》

注释 ①爱人则以政：喜欢一个人就轻易地给他官做，把政事交给他执掌。②未能操刀：不会拿刀。③割：宰割。

译文 现在您喜欢一个人，就轻易地把一个地区的政事让他主持，给他官做，就好像一个人根本不会用刀，就让他去砍杀。

赏读 这是一个有名的历史故事。郑国的执政子皮，想要让一个叫尹何的年轻人去治理他的封邑。子产说："他太年轻了，行吗？"子皮说："这个人顺从我，不会背叛我的。再说先让他干起来也是学习。"于是子产便说了前面那些话。政治是一门严肃的社会科学，古人认为必须"学而优"方可"仕"，意思是说要学好从政这门社会科学的学问，然后才可以做官从政，那种所谓"干中学""干也是学"的说法，实践证明是错误的。

（五）爱　民

01

> 民为贵①，社稷②次之，君为轻③。

出处　《孟子·尽心下》

注释　①贵：贵重，重要。②社稷：国家。社，土神；稷，谷神。③轻：不重要，与"贵"相对而言。

译文　人民是最重要的，江山社稷的重要性次于人民，而国君更次之。

赏读　这是《孟子》一书中表达出的孟

子最光辉的论点，就是在两千多年后的今天，仍闪耀着思想和智慧的光芒。"民贵君轻"，把民权即人权置于君权之上，言孔子所未言，是对儒家学说的重大发展。"民贵

君轻"之说，直接否定了"君权至上"论，具有振聋发聩的作用。它使帝王们闻之如芒刺在背，骨鲠在喉，很不舒服。这就难怪那个从小读书不多、曾当过和尚的朱元璋，当了皇帝之后，听人读到《孟子》的这一段话时，竟勃然大怒，下旨将祭祀孟子的牌位从全国各地兴建的孔庙配祀中撤去。

02

民惟邦本①，本固邦宁②。

出处 《尚书·夏书·五子之歌》

注释 ①邦本：国家的根本。邦，国。②宁：安宁。

译文 人民是国家的根本，根本巩固了，国家才会安宁。

赏读 当时夏朝的第二个帝王太康贪于逸乐，不理政事，百姓背叛了他，他被羿所逐，不得返国。他的五个弟弟埋怨太康，述说其祖父大禹的训诫而作歌，名《五子之歌》。"民惟邦本，本固邦宁"的意思，是说人君应当固民以安国。反之，民不固，国将不安。

03 古之为政，爱人为大。

出处 《礼记·哀公问第二十七》

译文 古代帝王治理政事，把关心爱护人民看得最重要，作为从政的头等大事。

赏读 这是孔子回答鲁哀公问如何治理国事的话。意思是说，国君主持国政，爱护人民是头等大事，国君爱护人民，人民就会把国君当作自己的君主，衷心拥戴。反之，国君如不爱护自己的人民，甚至作威作福，则人民只会痛恨他，反对他。如纣之民诅咒纣王云："时日曷丧，予及女(同'汝')偕亡!"可见人民对纣王的暴虐痛恨到了何等程度。爱护人民，是一切从政者的头等大事。

04

若保赤子①。

出处 《尚书·周书·康诰》

注释 ①赤子：初生的婴儿。

译文 应当像爱护婴儿一样（爱护你的臣民，使其都能安康）。

赏读 周成王时，周公平息了殷遗民的叛乱，成王年幼，周公便代行天子之权，封成王叔父康叔去管辖殷之遗民。这是周公代成王对康叔所作的诏诰。"若保赤子"，这是儒家从民本思想出发引用得较多的话。意为国君对待自己的人民，要像爱护婴幼儿一样，精心料理，要使之安定、康乐，而不要剥夺他们的衣食，使之啼饥号寒。

05

君以^①民存^②，亦以民亡^③。

出处 《礼记·缁衣第三十三》

注释 ①以：凭，依靠。②存：存在。③亡：灭亡。

译文 国君是依靠人民的拥护而存在的，但也会因失去民心、遭到人民的反对而灭亡。

赏读 这是孔子的话。这句话非常鲜明地概括了君民之间的依存关系，即君之存亡，全系于民心之向背。同时也强调了君民关系中人民的极端重要性，借以警醒君王，要以民为本，要为民、爱民、亲民，要顺从民之所欲，为人民谋福祉，而不要虐民、害民、残民。后世唐代名相魏徵对唐太宗所说的"水能载舟，亦能覆舟"的话，把君民关系比喻为水和舟的关系，亦本于此，只不过说得更生动形象、通俗易懂。

06 民之所欲①，天必从之②。

出处 《尚书·周书·泰誓上》

注释 ① 所欲：希望得到的东西。② 从之：依从它。它，指"民之所欲"，即百姓的愿望。

译文 老百姓希望得到的东西，上天一定会依从百姓的愿望。

赏读 这是周武王伐纣，会师孟津时，在誓师大会上说的话。无可讳言，古时的人(也包括今天相当的一部分人)相信"上天""上帝"，相信"天意"，并以此作为对某些社会现象的权威解释，且深信不疑。但儒家与此不同，更前进了一步。他们强调"天人合一"，认为"天意"与"民心"是同一的，不是分离的；而且认为"天意"来自"民意"，"天心"来自"民心"。《尚书·周书·泰誓中》还明确说："天视自我民视，天听自我民听。"实际上这就把"天意"变成了"民意"，强调了民心的重要，从而提出了"民之所欲，天必从之"的观点。

07

民之所好①好之，民之所恶②恶之，此之谓民之父母。

出处 《大学》第十一章

注释 ①好（hào）：喜爱。与"恶"相对。②恶（wù）：讨厌、憎恨。与"好"相对。

译文 人民喜爱的，（国君）也喜爱；人民讨厌、憎恨的，（国君）也讨厌、憎恨。这样的国君就可以称得上是人民的父母。

赏读 儒家经典著作中有不少强调人民重要性的名言，既然"仁者爱人""古之为政，爱人为大""民惟邦本，本固邦宁"，既然"君以民存，亦以民亡"，那么，"民之所好好之，民之所恶恶之"就是顺理成章、逻辑的必然了。而就统治者们来说，治国之道无他，己心当以民之好恶为好恶，因此所谓政治的涵义，便全都涵盖于此。

08

天视①自我民视②，天听③自我民听④。

出处 《尚书·周书·泰誓中》

注释 ①天视：上天的看法、见解。②

民视：百姓的看法、见解。③天听：上天所听闻到的。④民听：老百姓所听闻到的。

译文 上天的看法，来自于我们老百姓的看法；上天所听到的，来自于我们老百姓所听到的。

赏读 敬畏具有神秘力量的"上天"和"天命"，对古人、今人来说并不奇怪。但儒家的绝顶聪明之处在于，把上天"视听"的主渠道来源归结为民之"视听"。换句话说，民之视听就是天之视听。因此，一切当以民之视听为依据，为准绳。这就是说，天意就是民意！人民的一切应是执政者们所关注的中心。这也是儒家民本主义思想的理论基础。

09

天聪明①，自我民聪明；天明畏②，自我民明威③。

出处 《尚书·虞书·皋陶谟》

注释 ①聪明：此处代指见闻。聪，听觉灵敏；明，眼力好。②天明畏：上天能洞察明了一切，是可畏惧的。③自我民明威：上天所想要奖赏或想要讨伐、惩处的，来自于我百姓的意见而成其天威的。

译文 上天听取意见和观察人间善恶，是从我百姓中间来听取和观察的；上天奖赏好人或惩治恶人，也是依据我百姓的意见来实行以成天威的。

赏读 这是皋陶和大禹在舜帝面前讨论治国的事时皋陶的话。意思是说，既然"天视自我民视，天听自我民听"，那么上天对人的奖善惩恶，也自然是依据人民大众的见闻来决定的：人民认为善的，上天就降福于他；人民认为恶的，上天就施行天罚。亦即所谓"皇天无心，以百姓之心为心""民之所欲,天必从之"之意。这实际上是借"皇天"这个最高的思想权威,来肯定民心的重要。

10
保民而王①,莫②之能御③也。

出处 《孟子·梁惠王上》

注释 ①王(wàng):称王,作动词用。②莫:没有人。③御:抵挡。

译文 只要做到保护人民,就可称王统一天下,这是没有人能抵挡得了的。

赏读 这是孟子的话。孟子所处的战国时代,周室衰弱,诸侯割据,战争频仍,诸侯们都在拼命不择手段地争夺地盘、聚敛财富。"争地以战,杀人盈野;争城以战,杀人盈城",而置人民的生死于不顾。这就是当时的社会现实。孟子尖锐地指出:"今天下之人牧(指各国国君)未有不嗜杀人者!"针对这一情况,孟子希望能有一个国君来保护人民,因此,他向当时有条件统一天下的大国即魏国的梁襄王提出,能统一天下的人必定是"不嗜杀人者"。

11

故君民者①，子②以爱之，则民亲之；信以结③之，则民不倍④。

出处 《礼记·缁衣第三十三》

注释 ①君民者：作人民国君的人。②子：像对待自己的子女一样。③结：团结民心。④倍(bèi)：同"背"，背叛。

译文 作百姓国君的人，如果能像对待自己的子女那样来爱护百姓，那么百姓就会亲近他；能用诚信来团结民心，那么百姓就不会背叛他。

赏读 这里强调的是两个字：一是爱，二是信。爱，是说既为人民的君主，对人民就应有爱心，这样国君就有亲和力，人民就会亲之近之，而不是畏之远之。信，是说既为人民之君主，对人民就要讲信用，这样国君就有凝聚力，人民就不会把他视为政治骗子，就会信任他，而不会背叛他。

12 桀纣①之失天下也，失其民也，失其民者，失其心②也。

出处　《孟子·离娄上》

注释　①桀纣：桀，夏桀王。纣，商纣王。夏、商两朝末代暴君。②心：民心。

译文　夏桀王和商纣王两个末代暴君失去天下的原因，是失去了人民的拥护，失去人民拥护的原因，是失去了民心。

赏读　这是孟子的话。他总结桀纣失天下的根本原因，是失去人民的拥护，而失去人民拥护的根本原因又在于失去了民心。这是一个深刻的历史总结。他对桀、纣的失败，不纠缠于历史的细枝末节，而从根本上去探索失败的原因，从而得出民心的重要。得民心，说到底就是要施仁政，要爱民，所以他在这之后接着说："民之归仁也，犹水之就下，兽之走圹(原野)也。"国之兴亡，在民之向背，这是一条颠扑不破的历史规律。在任何时候，统治者都不能"失其民"。

13

国之兴也，视民如伤①，是其福也；其亡也，以民为土芥②，是其祸也。

出处 《春秋左传·哀公元年》

注释 ①视民如伤：看待百姓如同受伤的人。②土芥：泥土草芥，比喻微贱、无足轻重的东西。

译文 国家兴起，（国君）把老百姓看成是受伤的人(来照顾)，这是国家和百姓的福；国家将灭亡时，（国君）把老百姓看作泥土草芥，一钱不值，这是国家和百姓的灾祸。

赏读 这里指出的是，历代统治者们在开国之初和行将灭亡时，对百姓的两种截然不同的态度，决定了国家的两种不同的结局及百姓的祸福，这是任何时候都不应忘记的历史经验和教训。

14

夙兴夜寐①，朝夕临政②，此以知其恤民③也。

出处 《春秋左传·襄公二十六年》

注释 ①夙兴夜寐：早起晚睡，形容勤劳。②临政：（国君）亲自到朝廷处理政务。③恤民：体恤民情。

译文 早起晚睡，早晚都到朝廷去处理政事，因此而知道他是体恤人民，在为百姓操劳。

赏读 爱民，应当勤政。国君勤政的体

现就是早起晚睡，朝夕临政，为百姓操劳。相反，不理朝政，耽于逸乐，沉湎于酒色，"从此君王不早朝"，政事荒废，这就根本说不上爱民。

15

兵车之会①四，未尝有大战也，爱民也。

出处 《春秋穀梁传·庄公二十七年》

注释 ①兵车之会：春秋时周室衰弱，无力号令诸侯，五霸霸主为维护各诸侯国现实的力量均势，保护社会稳定，以盟主（即霸主）的名义举行天下诸侯的盟会，以处理和协调各诸侯国的政事。其中有军队参加的盟会称兵车之会，友好的盟会称衣裳之会。

译文 （齐桓公主持的）有军队参加的诸侯盟会共有四次，但都不曾有过大的战争，这是因为爱护百姓。

赏读 春秋时期，周王室虽名为天下共主，但衰弱至极，已无力号令诸侯。这时有五个力量强大的诸侯出来主持大局，会盟天下诸侯，制定条约以维持现实的均势，称为"五霸"。其中最有名的为齐桓公及晋文公。孔子对五霸，特别是对齐桓公作了充分的肯定，他说："桓公九合诸侯，不以兵车，管仲之力也。如其仁！如其仁！"他又说："管仲相桓公，霸诸侯，一匡天下，民到于今受其赐。"这个评价还是公允的。

16

凡使民①，任②老者之事，食③壮者之食。

出处 《礼记·王制第五》

注释 ①使民：使用民力。②任：担当。③食：吃。

译文 凡是使用民力，要求只完成老年人的工作量，但要供应壮年人所需的饭食。

赏读 几千年的古代专制社会，国家的重大工程，从战国时代至明末不断修筑的长城，全国各府、州、县以及要塞的城墙，帝王们的宫殿、陵墓及园囿，皇帝出巡时的驰道，重大的水利及其他工程等等，都无一例外强制或无偿征用民力，此即"徭役"。这是古代农民在田赋(按田亩多少交纳的赋税，即皇粮)以外的又一沉重负担，且造成不少人间悲剧。传说中孟姜女寻夫哭倒长城，便是人民大众痛恨这一繁重徭役的具体反映。当然，统治者中也有人提出"轻徭薄赋"的开明主张，但庞大的统治集团过的那种超出当时生产力水平的骄奢淫逸的生活，人民的负担能"轻"得了,"薄"得了吗?因此,所谓"任老者之事,食壮者之食"在中国古代不过是说说而已。

(六) 理 财

01

生财有大道:生之者①众,食之者②寡,为之者③疾④,用之者⑤舒⑥,则财恒足⑦矣。

出处 《大学》第十一章

注释 ①生之者:从事生产的人。②食之者:消耗财富的人。③为之者:生产的过程。④疾:快。⑤用之者:使用的期限。⑥

舒：从容。⑦足：富足。

译文 创造社会财富有大的原则：那就是从事生产、直接创造物质财富的人多，而单纯消耗的人少；生产的过程快，而使用期限从容，这样（国家的）财富就会经常保持富足。

赏读 努力发展生产，同时厉行节约，这叫"开源节流"，这一原则在任何时候应该说都是对的。社会财富当然可以极大地创造，但有相当一部分资源是不可再生的，因此在努力发展生产的同时，节约仍是必不可少的。因此，在提倡消费的同时，也应倡导节约，反对浪费，反对奢侈之风。

02

无三年之蓄①，曰国非其国也。

出处 《礼记·王制第五》

注释 ①蓄：指钱财、粮食等物资储备。

译文 （国家）没有三年的储蓄，就叫作"国非其国"了。

赏读 这里谈国家在理财方面对储备的重视，特别是对有关国计民生的重要物资的储备，如粮食、布棉、医药，要丰饶，要预备充足，以应付突如其来的天灾、人祸、战争、瘟疫等。这也是理财之要。

03

古者税什一①。

出处 《春秋穀梁传·庄公二十八年》

注释 ①什一：十分取一。什，同"十"。

译文 古时农民给国家交纳公粮，是十分里取一分。

赏读 什一税法,从史籍记载看,已行之四千余年。据《春秋公羊传·宣公十五年》载:"什一者,天下之中正也。多乎什一(即十一以上的税),大桀小桀(像大大小小的夏桀一样横征暴敛);寡乎什一(比十一之税少),大貊小貊(即像没有政府机构的大大小小的蛮荒部落)。"十一这个"度",古人认为符合当时的生产力发展水平及国家机构开支的需要,是个合理的"度",增之减之,都有性质上的大改变。税法究其实,是对社会财富、资源在国家与人民、人民与人民之间的一次调整。处理好这几者之间的关系及利益分配,是一门大学问。

04

均无贫①,和无寡②,安无倾③。

出处 《论语·季氏第十六》

注释 ①均无贫：指政教均平，则财富平均，不悬殊，没有对比，就不感觉到贫穷。②和无寡：上下之间团结和睦，就不觉得人少。③安无倾：大小安宁，就不会倾危。

译文 财富平均了，悬殊不大，就不会感到贫穷；上下之间团结和睦，就不觉得人少；人心安定，就不会有倾覆之虑。

赏读 国家理财，不是聚敛，不单纯是使国强，更要使民富，也只有民富，才能国强。孔子在这里提出"均无贫"，是我国最早提出消灭贫富差距过于悬殊的"平均主义"思想家。他看到了社会财富悬殊过大所带来的重大社会矛盾和动荡，从而提出了这一平均主义的想法。

05

> 不患寡①而患不均②，不患贫③而患不安④。

出处 《论语·季氏第十六》

注释 ①患寡：担心土地、财富少。寡，此指土地、财富少。②均：平均。③贫：贫穷。④不安：指民心不安。

译文 （国君）不要担心土地、财富不多，要担心的是土地、财富悬殊过大，不平均；不要担心贫穷，要担心的是人心不安。

赏读 这是孔子的话。几千年来几成流行语，对后世影响很大，宋代农民起义军就提出"均贫富"的口号，孙中山的"平均地权"思想亦来源于此。我国20世纪50年代搞过"大锅饭"，那是绝对平均主义，后来抛弃了那种做法。看来，平均主义的是非、功过，还要由未来的历史老人来做评判。

06

> 长国家①而务财用者②，必自小人矣。

出处 《大学》第十一章

注释 ①长（zhǎng）国家：执掌国家政权。②务财用者：一心只知聚敛财富的人。

译文 执掌国家政权，一心只知聚敛搜刮财富以为己用的人，必然是从小人那里受到影响的。

赏读 仁人、贤人理财是为国，更为民，而聚敛财富，不顾人民死活，搜刮民脂民膏以为己用，是小人行径。二者有本质上的不同。

07

仁者以财发身①，不仁者以身发财②。

出处 《大学》第十一章

注释 ①以财发身：(仁德之君)能散施财富于人民，从而得到美誉令名。②以身发财：(不仁之君)只知利用自身的权力、地位聚敛财富。

译文 仁德之君能将国家财富用之于民，从而得到美誉令名；不仁德之君利用自身的权力、地位，只知聚敛财富以为己用。

赏读 执政者理财为民，并用之于民，就会得民心，得到人民的拥护，因而也会"以财发身"；执政者如理财为己，利用手中的权力，就会只知聚敛、专事搜刮，虽然富裕了，凭借身份地位发了财，但必将遭到人民的反对，最终也会丧国亡身。

08

求①，非我徒②也，小子鸣鼓而攻之③可也。

出处 《孟子·离娄上》

注释 ①求：冉求，孔子弟子。②徒：门徒。③鸣鼓而攻之：擂起战鼓攻击他。

译文 冉求已不是我的门徒了，弟子们，你们可以擂起战鼓攻击他。

赏读 这是孔子的话。孔子弟子冉求做了鲁国执政季康子的总管，对农民征收的田赋翻了一番，孔子知道后很气愤，于是说了上面的一番话。儒家历来讲仁政，主张轻徭薄赋。冉求为孔门弟子，居然为执政者聚敛财富、搜刮民财，这自然遭到孔子的唾弃，说："非我徒也，小子鸣鼓而攻之可也。"

（七）教　化

01

夫民，教之以德①，齐之以礼②，则民有格心③；教之以政④，齐之以刑⑤，则民有遁心⑥。

出处　《礼记·缁衣第三十三》

注释　①教之以德：用道德教育他们。②齐之以礼：用礼义约束他们。齐，整饬。③格心：向善之心。格，匡正。④政：政令。⑤刑：刑罚。⑥遁心：逃避之心。

译文　用道德教育他们，用礼义约束他们，那么百姓就有向善之心；用政令来教导他们，用刑罚来约束他们，那么百姓就有逃避之心。

赏读 这是孔子的话。中心是讲教民以德，不以刑罚。在这段话后面，《礼记》还引《尚书》说，苗人不听命，就用刑罚制服他们，制定五种酷刑叫作"法"，因此苗民品质恶劣。事实如何，难以考证。但"苗民凶顽"，连舜帝也无法制服，《尚书》中有多处记载。可是，单纯以德，单纯以刑，都是一种片面行为，正确的应是在教化中德、刑并举，而以德济刑之不足，那么百姓就不会有"遁心"。

02

礼之教化也微①，其止邪②也于未形③，使人日徙善远罪④而不自知也。

出处 《礼记·经解第二十六》

注释 ①微：微妙，潜移默化。②止邪：制止邪恶。③未形：未形成（邪恶）。④徙善远罪：靠近善良，远离罪恶。

译文 礼的教化作用是微妙的、潜移默化的，它能在邪恶没有形成时就加以制止，能使人每天在不知不觉中靠近善良、远离罪恶。

赏读 这里讲的是礼在对人民的教化中所起的重要作用："止邪也于未形""使人日徙善远罪"。而"止邪""远罪"靠的是礼对人的潜移默化，而不是"当头棒喝"，不是声色俱厉的指斥。中国几千年来一直重视礼教、崇奉礼教。清代学者凌廷堪说："上古圣王所以治民者，后世圣贤之所以教民者，一礼字而已。"就是说上古帝王和后世圣贤治理、教育民众的，最终都可以归结为"礼"字。

03

圣人，百世①之师②也。

出处 《孟子·尽心下》

注释 ①百世：百代，古人认为三十年为一世，百世，言其时间之长。②师：师表。

译文 圣人，是千秋万代的师表。

赏读 这是孟子的话。何谓"圣人"？这个词常在古籍中出现。孟子说，圣人是人类中"出于其类，拔乎其萃"的人物。一般所称圣人，均指尧、舜、禹、汤、文、武、周公、孔子等。孟子后世亦被人称为"亚圣"。孟子亦称伯夷、柳下惠等为"圣人"。可见，圣人也是人，不是神，是人类中的最杰出的人物。正因其杰出，所以这些人的品格、能力都足以对后世产生巨大影响。

04

> 闻伯夷之风①者，顽夫②廉③，懦夫④有立志；闻柳下惠之风⑤者，薄夫⑥敦⑦，鄙夫⑧宽⑨。

出处 《孟子·尽心下》

注释 ①伯夷之风：伯夷，商朝时孤竹君之子，其父将死，遗命立其弟叔齐，父卒，叔齐让伯夷，伯夷说："这是父亲的命令。"遂逃去，叔齐亦不肯被立而逃。周武王战胜商纣而有天下，伯夷、叔齐耻食周粟，隐于首阳山，采薇而食，遂饿死。伯夷之风，孟子认为是一种清廉之风。②顽夫：即贪夫。③廉：廉洁。④懦夫：懦弱的人。⑤柳下惠之风：柳下惠，春秋时鲁国人。尝为士师（掌刑狱的官），三次被罢官仍未离开鲁国。有人问他为什么不去礼聘他的其他诸侯国,他说:"我以正直之心侍奉国君,到哪里都会屡被罢官;如以不正直之心侍奉国君,又何必离开父母之邦呢?"孟子称柳下惠这种风骨为和顺之风。⑥薄夫:刻薄的人。⑦敦:厚道。⑧鄙夫:心胸狭窄的人。⑨宽:心胸宽广。

译文 听到伯夷清廉风骨的人,贪婪的人会廉洁起来,懦弱的人会立刚毅之志;听到柳下惠和顺风骨的人,刻薄的人会厚道起来,心胸狭窄的人会变得宽广起来。

赏读 孟子在论断"圣人,百世之师也"后,紧接着列举了两个品德高尚的人物对社会所产生的巨大影响。他充分颂扬了伯夷、柳下惠的巨大感召力、影响力,希望人们学习他们清廉而刚正不阿的高风亮节,学习他们待人厚道而胸襟开阔的优秀品质。

05

上无礼①，下无学②，贼民③兴，丧无日④矣。

出处 《孟子·离娄上》

注释 ①上无礼：在上位的人不讲礼义。②下无学：下面的百姓又无学习的榜样。③贼民：乱民。④无日：不多久，没多少日子。

译文 在上位的人不讲礼义，下面的百姓又无学习的榜样，乱民就会乘势兴起，（国家）灭亡的日子就不会很长了。

赏读 这是孟子的话。处上位的人讲礼义，这本身就是教化，让百姓有一个好的学习榜样，这也是教化。如二者皆无，则国民的道德素质可想而知，国家的前景也可想而知。故孟子预言："贼民兴，丧无日矣。"

这是一个令人猛省的警示。

06 其①为②父子兄弟足法③，而后民法④之也。

出处 《大学》第十章

注释 ①其：他。②为：作为。③法：法式，楷模。④法：学习。

译文 他在当父亲、儿子、兄长、弟弟时，行为能够作别人的楷模，那么百姓也就会向他学习了。

赏读 这里说的是治国必先从个人做起，从提升个人品德的修养做起，从既为人父，也为人子，既为人兄，也为人弟做起，各种角色都能做好，而且都能成为别人学习的榜样，这才有资格做官临民。提升个人的品质，整顿好家庭，成为别人的楷模，这也是对社会的教化。

07

修其教①不易②其俗，齐其政③不易其宜④。

出处 《礼记·王制第五》

注释 ①修其教：整顿好教化。教，教化。②易：改变。③齐其政：统一他们的政令。④宜：指已适应了的合理的生活方式。

译文 要搞好对人民的教化工作，但不必改变他们的风俗习惯；要统一对人民的政令，但不必改变人们已适应了的合理的生活方式。

赏读 这里讲的是：全国东南西北四方人民，生活在不同的地区，风俗习惯不一样，性情的刚柔不同，语言、衣饰、佩带、用具及口味也不尽相同，但教化及政令必须统一。而这统一，绝不是"一刀切"，即不能改变他们的风俗习惯及已适应了的合理的生活方式。不改变其风俗习惯及合理的生活方式，这本身就是对人民的尊重。

08

贵人①而贱禄②，则民兴让③；尚技④而贱车⑤，则民兴艺⑥。

出处 《礼记·坊记第三十》

注释 ①贵人：尊重人才。②贱禄：轻视爵禄。③兴让：谦让的风气就会兴起。④尚技：崇尚技艺。⑤贱车：轻视车马。⑥兴艺：学习技艺的风气就会兴起。

译文 (有国有家的诸侯、大夫)如果尊重人才而轻视爵禄，这样民间就会兴起谦让的风气；如果重视技艺，轻视车马，这样民间就会兴起学习技艺的风气。

赏读 这是孔子的话。好的风气,需要在上位的人的倡导。所谓"君子之德风,小人之德草,草上之风必偃(倒下)"就是这个意思。但"贵人而贱禄""尚技而贱车",这话谈起容易,行之实难。中国历来重视做官而轻技,把做官的人当作"人上人",而把从事"技""艺"的人,当作"巫医百工"之人,属匠人范畴,这大概是中国物质文明起步早但进展迟缓的一个原因吧。

(八) 去 邪

01

君子道①长②,小人道消③也。

出处 《周易·上经·泰》

注释 ①道：包括两个方面的意思，即风气和声势。②长：伸张，壮大。③消：消退。

译文 正人君子的风气和声势得以伸张和壮大，邪恶小人的风气和声势得以消退。

赏读 这是孔子对《周易》泰卦所作的"彖（tuàn）曰"中的文句。彖辞是孔子解释《周易》中卦义的文字，也叫卦辞。君子道长，是指君子之道占上风；小人道消，是指小人之道占下风。总的是正气压倒邪气，正直人士得信任赏识，邪恶小人遭疏远冷落。但这不等于说这个时代只有君子而无小人。小人在任何时候都有，只不过不能让其占据社会的主流位置而已。所以只能说消长，而不说有无。

02

树①德务滋②，除③恶务本④。

出处 《尚书·周书·泰誓下》

注释 ①树：立。②滋：滋长。③除：铲除。④本：根本。

译文 培植美好的德行，务求滋长；铲除邪恶，务求除根。

赏读 在一个国家和社会群体中，"除恶务尽"是美好的目标，但只要有人群的地方，就必然有善有恶，要从根本上全部除掉恶人，很难办到。但"除恶务本"，即逐渐削弱产生邪恶的根基，让邪恶势力不能形成大的气候，这一点只要努力，应该说是可以做到的。

03

为国家者①,见恶如农夫之务去草焉,芟夷②蕴崇③之,绝其本根,勿使能殖④。

出处 《春秋左传·隐公六年》

注释 ①为国家者:治理国家的人。②芟(shān)夷:除草。③蕴崇:聚集,指将铲除的杂草堆积起来沤烂后肥田。④殖:生长。

译文 治理国家的人,见到邪恶,就要像农夫急于除草一样,锄掉它,再把它聚集起来沤烂后肥田,挖掉它的老根,不要使它再有机会生长。

赏读 善不可失,恶不可长,这是以比喻方式阐明除恶务去其根基之意。

04

长君之恶①，其罪小；逢君之恶②，其罪大。

出处 《孟子·告子下》

注释 ①长（zhǎng）君之恶：指国君有过，不能劝谏，又顺从他，助长国君的过失。②逢君之恶：指国君的过失还没出现，便诱导并逢迎国君去犯罪。

译文 （有的官员）明知国君有过失而不加劝谏，这种人罪过还算小；（而有的官员）当国君的过失并未发生，却先诱导或逢迎国君去犯罪，他的罪就大了。

赏读 "长君之恶"的官员，应该劝谏而不能或不敢劝谏国君，从而顺之，这叫作失职，所以说"其罪小"。而国君想犯罪而行为并未发生，或者说国君还未想到要去干一件坏事，但有的官员却采取诱导的方法，邀恩讨好的逢迎方法，促使国君去犯罪，这种诱导国君犯罪的官员，其罪过就大了。这后一种官员，是十足邪恶小人，不可不严加防范。

05 小子识①之：苛政②猛于虎也。

出处 《礼记·檀弓下第四》

注释 ①识（zhì）：记住。②苛政：残酷压迫、剥削人民的政治。

译文 小伙子们记住呀：残酷压迫、剥削人民的政治，比吃人的老虎还厉害呀！

赏读 这是孔子的话。这里有一个故事：孔子经过泰山旁，有个妇人在墓地哭得很伤心，孔子坐在车上凭轼肃立，仔细听她的哭声，然后派子路去问她。妇人回答说："以

前我公公死于虎口，后来我的丈夫也死于虎口，现在我的儿子也死于虎口了。"孔子问："为什么不离开这里呢？"妇人说："这里没有繁重的苦役和苛捐杂税。"然后孔子就对弟子们说了"苛政猛于虎也"这样的话，意为你们今后从政，决不能搞苛政，要行仁政。苛政，这是国家施暴于人民的政治，为什么说它比老虎还厉害呢？因为老虎虽猛，人们可以躲避，可以侥幸免于一死，还可以抗争，或许能打死它；但苛政之下，处于弱势的人们是无法躲避，无法与之抗争的。

06

吾恐季孙①之忧，不在颛臾②，而在萧墙③之内也。

出处 《论语·季氏第十六》

注释 ①季孙：当时鲁国的执政大臣。②

颛(Zhuān)臾：春秋时鲁国的附庸小国。所谓附庸小国，指国土面积方圆不足50里的小国，附庸于就近的大点的诸侯国。当时颛臾臣属于鲁，季孙氏贪其土地，想并吞它，孔子弟子冉有为季孙氏家臣，来告诉孔子，孔子说了上面这句话。③萧墙：照壁，屏风。比喻内部。

译文 我只怕季孙的危险，不在颛臾这样的外部小敌，而在自己内部。

赏读 当时季孙氏家臣阳虎，是一个很有势力和野心的人，季孙氏欲攻打颛臾，冉有来告诉孔子。孔子认为：季孙之忧，不在颛臾这样的外部小敌，而在他内部的大敌即阳虎。后来阳虎果然囚禁了季桓子。这说明孔子很有政治预见。后世"祸起萧墙"成语便来源于此，提醒人们要随时警惕内部的敌人。

07

> 行伪①而坚②，言伪③而辩④，学非⑤而博，顺非而泽⑥，以疑众⑦。

出处 《礼记·王制第五》

注释 ①行伪：行为诡诈。②坚：顽固坚持。③言伪：言语虚伪。④辩：善辩。⑤学非：学了邪恶的理论。⑥顺非而泽：善于掩饰罪行，而又能文过饰非。非，违章之事。泽，光泽文饰。⑦疑众：蛊惑人心。

译文 行为诡诈而又顽固坚持，言语虚伪而又善于辩解，学了不少的邪恶知识，善于掩饰罪行、文过饰非，而能煽动蛊惑人心。

赏读 这是孔子的话。他指出识别邪恶之人，就应从这几个方面去考察。习惯于行为诡诈，学习有害的学说，是虚伪浮华的体现；善于辩解，善于文过饰非，是利口巧佞的体现。有这些表现的人，都不能作为依靠的对象，因为他们缺乏一个"诚"字。

08

> 为善①不同，同归于治②；为恶不同，同归于乱。

出处 《尚书·周书·蔡仲之命》

注释 ①为善：做善事。②治：太平、升平。

译文 （国君）做善事的方式虽各有不同，但同样都会达到天下太平；做坏事的手段虽各有不同，但也同样会导致动乱。

赏读 这是周公平息殷遗民的叛乱后任命蔡仲（叛乱者周公弟蔡叔之子）管辖该地的命令。他告诫蔡仲：人为善为恶，各有百端，未必相同，但治、乱所归，却没有什么不同之处。因此，宜慎其微，时刻加以警惕。

09

善不积①，不足以成名；恶不积，不足以灭身②。

出处 《周易·系辞下传》

注释 ①善不积：不积累善行。②灭身：使自身灭亡。

译文 不积累善行，不足以成就美名；不积累恶行，不足以使自身灭亡。

赏读 成就美名和招致杀身之祸，都有一个渐进的积累的过程，也就是常说的由量变到质变的过程。有的人会认为善小无益而不为，认为恶小无害而为之，因此，就由为小恶而到胆大妄为，做起大恶事来了，结果坏事做多了，就会造成灭身之祸。去邪，就应警惕这个由小到大、由少到多的衍变过程，不因恶小而为之。

10

政以治民①，刑以正邪②。既无德政，又无威刑③，是以及邪④。

出处 《春秋左传·隐公十一年》

注释 ①治民：治理百姓。②正邪：纠正邪恶。正，纠正。③威刑：有威信的刑罚。④及邪：发生邪恶。

译文 政治是用来治理百姓的，刑罚是用来纠正邪恶的。既缺乏德政，又无威刑，所以才发生邪恶。

赏读 政和刑二者，是用来治理国家、惩治邪恶的两种手段。但政必须是"德政"，而刑必须是"威刑"，即有法必依，执法必

严，有威有信的刑罚，方能制止邪恶之发生。如政为苛政，而又不能用刑于邪人，有法不依，执法不严，宪法法律无威无信，则"小人道长"矣。

11

赫赫①宗周，褒姒②灭之。

出处 《诗经·小雅·正月》

注释 ①赫赫：声威盛大。②褒姒：周幽王宠妃。褒人所献，故号褒姒。褒姒不好笑，幽王百计使之笑，仍不笑，幽王举烽火以征诸侯，诸侯至而无寇贼，褒姒乃大笑。后犬戎入侵，幽王举烽火征兵，诸侯不至，犬戎遂杀幽王于骊山之下以去。从此西周灭亡。

译文 声威盛大的西周，是褒姒灭亡了它。

赏读 中国以男性为中心的几千年专制社会，总认为女人是"红颜祸水"，所以将西周灭亡的责任推到褒姒身上。但从具体事实看，却是周幽王为博褒姒一笑的荒唐行为导致身死国灭，关女人何事？褒姒不过一笑而已。

12

鼎①之轻重，未可问也。

出处　《春秋左传·宣公三年》

注释　①鼎：夏禹时，分天下为九州，铸九鼎，历商至周，为传国重器，王都所在，即鼎之所在。

译文　鼎的轻重大小，（下面的诸侯）是不应该询问的。

赏读　这有一段故事：鲁宣公三年（公元前606年），楚庄王攻打陆浑之戎，到达洛水，在周王境内陈兵示威。周定王派遣王孙满慰劳楚师，楚庄王问起九鼎的大小轻重，这一下就暴露了楚庄王的野心。王孙满回答："鼎的大小轻重在德不在于鼎本身……今周德虽衰，但天命未改，鼎的轻重是不能询问的。"一下就把楚庄王问鼎天下的觊觎之心给镇住了。"问鼎"便成为后世觊觎君位的典故。

13

不去庆父①，鲁难②未已。

出处 《春秋左传·闵公元年》

注释 ①庆父：春秋时鲁庄公异母弟。②难：灾难。

译文 不除掉庆父，鲁国的祸患没有止境。

赏读 这是一个历史典故。春秋时鲁庄公卒，子般当立，庆父弑之而立闵公。齐桓公派大夫仲孙湫到鲁国去了解情况,仲孙湫回国向齐桓公复命,并下结论说:"不去庆父,鲁难未已。"果然一年后庆父又杀死闵公,激起了国人强烈的不满,庆父被迫逃亡莒国。后鲁僖公立,庆父乃被迫自缢。这个典故说明要消除国家的祸患,特别是人为的祸患,不除去罪魁祸首,国家是不会得到安宁的。

治国

14

> 流共工①于幽州②，放欢兜③于崇山④，窜三苗⑤于三危⑥，殛鲧⑦于羽山⑧，四罪而天下咸服⑨。

出处　《尚书·虞书·舜典》

注释　①流共工：共工氏荒淫怠事，与欢兜、三苗、鲧合称四凶，舜言于尧，灭四凶，流放共工于幽州。流，流放。共工，水官名，以官为氏。②幽州：虞舜时的幽州，辖今河北省一部分及辽宁省地。③放欢兜：放，流放。欢兜，尧臣，以其党于共工，好行凶慝，被舜流放于崇山。④崇山：今湖南澧县境内。⑤窜三苗：窜，驱逐。三苗，国名，缙云氏之后，今湖南岳阳、武昌及江西九江一带，即古三苗地。⑥三危：说法较多，一说今甘肃天水，一说今甘肃敦煌，一说今四川，还有指今西藏。⑦殛鲧：殛，杀死。《尚书正义》注为拘囚困苦之。鲧，人名，传说是禹的父亲。⑧羽山：在东海之中。⑨咸服：都心悦诚服。

译文 把共工流放到幽州，把欢兜流放到崇山，把三苗驱逐到三危，把鲧流放到羽山。这四凶罪人都受到了应得的惩罚，天下的人（对舜）就都心悦诚服了。

赏读 传说共工、欢兜、三苗、鲧这四凶，结成一党，为非作歹，舜帝作了果断的处置，受到天下人的拥护。尧舜时期，据说是中国历史上最昌明的时期。毛泽东在其诗中也赞道："六亿神州尽舜尧。"对邪恶之人，即使仁慈如舜帝，也一样要对他们果断处置，方能使国家臻于至治。

（九）反　战

01

> 争地以战，杀人盈野①；争城以战，杀人盈城。

出处　《孟子·离娄上》

注释　①盈野：满山遍野。盈，满。

译文　为了争夺一块土地而发动战争，被杀之人，满山遍野；为了争夺一座城池而发动战争，被杀之人，满城都是。

赏读　这是孟子反对战争，特别是反对不义之战的名言。孟子看到当时各国诸侯不仅不施仁政于民，反而为了扩充地盘，蓄意发动战争，造成杀人盈野、杀人盈城的人间惨剧。故孟子极力反对战争，特别是诸侯之间这种为了争夺一块地盘，而不惜以大量鲜血和生命为代价的不义之战。孟子认为像这样发动战争的人，其罪不是一死就能抵偿得了的，而是死有余辜。

02

> 善战者服上刑①，连诸侯者②次之，辟草莱③任土地者④次之。

出处 《孟子·离娄上》

注释 ①上刑：最重的刑法。②连诸侯者：联合诸侯发动战争的人。③辟草莱：开疆拓土。④任土地者：指分土地给百姓，以收取重赋供战争军需之用的人。

译文 最善于带兵作战的人，应该服最重的刑法；联合诸侯发动战争的人，服次一等的刑法；开疆拓土以收取重赋为战争提供后勤支援的人，服再次一等的刑法。

赏读 如何惩治战争罪犯的问题，孟子提出了几个重要的议罪原则。孟子提出"善战者服上刑"的主张，这是一个很有名的论断。"一将功成万骨枯"，"善战者"杀死的人多，自然该服最重的战争罪。试观国际法中的战争罪及二战后对纳粹德国及日本等国的各级战犯的量刑，孟子的这些原则，实开国际法中惩治战争罪之先河。

03

春秋①无义战②。

出处　《孟子·尽心下》

注释　①春秋：指我国历史上的一个时代，因鲁国的史书《春秋》而得名。现在一般把公元前770年到前476年划为春秋时代。

②义战：合乎正义的战争。

译文 春秋时代没有合乎正义的战争。

赏读 这是孟子的话。他一生都反对不正义的战争。据司马迁《史记·太史公自序》所载："春秋之中，弑君三十六，亡国五十二，诸侯奔走不得保其社稷者，不可胜数。察其所以，皆失其本已。"在二百多年间发生这样多的事，可见战争是频仍的。但孟子的"春秋无义战"，就将当时发生的所有战争的性质做了一个明确的论断。这就是说，所有的战争都不过是统治集团内部的相互倾轧、争夺、兼并的战争。但他也接着指出："彼善于此，则有之矣。"意为不过有一方比另一方好一点，这倒是有的。

04

> 乃偃武①修文②，归马于华山③之阳，放牛于桃林④之野。

出处 《尚书·周书·武成》

注释 ①偃武：停止战争的一切装备和训练。②修文：提倡文教，即搞好政治、经济、教育、文化。③归马于华山：把战马放归于华山。华山，今陕西华山。④放牛于桃林：把战时负担后勤运输的牛骡，放归于桃林。桃林，今陕西潼关。

译文 （武王伐商归来）于是停止战备，施行文教，把战马放归到华山之阳，把牛放回到桃林之野。

赏读 武王讨伐商纣王之战，发生在公元前11世纪。据《尚书·周书·武成》载，是从一月出发，四月归来，战争历时三个月左

右。一场改朝换代的战争只经历三个月左右，严格说不算长，但战争是无比残酷的。同书记载："（纣之）前徒倒戈，攻于后以

北，血流漂杵。"杵者，重武器也。战死者的鲜血之多，可以使杵都漂浮起来，其惨烈可想而知。据史书记载，周武王是仁者之君，他发动伐纣之战，救民于水火，解民于倒悬，但战争之惨烈，他也是目睹了的，所以他能偃武修文，以示天下将不再有战争。从此直到周幽王因宠褒姒，烽火戏诸侯，被犬戎所杀，其间保持国内四百多年无大的内乱和外患。非大仁、大智、大勇者，曷敢为此？

05

有人曰："我善为陈①，我善为战。"大罪也。

出处 《孟子·尽心下》

注释 ①陈（zhèn）：同"阵"，行军布阵。

译文 有人说："我善于行军布阵，我善于带兵作战。"这是大罪呀！

赏读 这是孟子反战的话。孟子反对战争，是因为他看到了战争给无辜人民带来深

治国

重的灾难，所以他在战争频仍的战国时代不仅态度鲜明地反对战争，而且到处奔走，提出"保民而王"的政治主张，提倡仁政、德政，认为国君只要行仁政就能无敌于天下，"焉用战"？他对所谓的军事家特别反感，认为凡宣布自己"我善为陈，我善为战"的人，都犯了大罪。因为这帮人都是"率土地而食人肉"的人，"罪不容于死"。这想法虽不切实际，但他反对因战争而给人民带来灾难的态度则是非常明确的。

道 德

（一）道德的重要

01

地势坤①，君子以厚德②载物③。

出处 《周易·上经·坤》

注释 ①坤：八卦之一，下、上均为阴，为地，故地势有随顺之德。②厚德：宽厚的德行。③载物：负载万物。

译文 广阔无垠的大地包含着随顺的美德，君子应当效法大地，像大地一样以宽厚的德行去负载万物。

赏读 君子要像大地一般有博大的胸怀，去包容天下之人与物，使天下之人无不以我为安，以至于鸟兽、草木、虫鱼，也莫不以我为命。相反，如果刻薄寡恩、阴毒狭隘，只会是暴殄(tiǎn)天物。"厚德载物"也比喻能以博大的胸怀兼收并蓄，容纳不同的学说、言论之意。古人说："泰山不拒细壤，故能成其高；江海不择细流，故能就其深。"林则徐的名言："海纳百川，有容乃大。"均为此意。

02

克①明①俊德②，以亲④九族⑤。

出处 《尚书·虞书·尧典》

注释 ①克：能够。②明：彰明，彰显。

③俊德：崇高的品德。俊，即"峻"，高、大之意。④亲：亲和团结。⑤九族：上自高祖，下自玄孙，共九族。即高祖、曾祖、祖父、父、自身、子、孙、曾孙、玄孙。

译文 能够彰显（自己本来）崇高的品德，使同族人都能亲和团结。

赏读 这是赞扬尧帝的话。说他能举用有崇高品德的人，使同族人都能亲和团结。"克明俊德"，这是过去较常引用的成语。

03

慎终①追远②，民德归厚③矣。

出处 《论语·学而第一》

注释 ①慎终：指对父母的丧礼要注重丧祭，恪尽其哀。终，指父母之丧亡。②追远：指祭祀远代祖先。③归厚：趋向淳厚的社会风气。

译文 办理父母的丧事要谨慎地尽礼尽哀,对祖先要诚敬地追念致祭,(能做到这样)民间的风习就会归于淳厚了。

赏读 这是曾子的话。他告诫人们,使"民德归厚"的做法,要从"慎终追远"做起。注重丧祭,目的是强调仁、孝。仁、孝,是中华民族的优良传统。有了仁、孝,民间的风习就自会淳厚。

04

君子以其①不受为义②,以其不杀为仁③。

出处 《春秋公羊传·襄公二十九年》

注释 ①其:指春秋时吴国季札。②不受为义:指季札不接受国君之位是讲道义的。③不杀为仁:不与亲人相互残杀,是很仁善的。

译文 君子认为，吴国季札不接受国君之位，是讲道义的；他避免了亲人之间为君位而相互残杀，是很仁善的。

赏读 这是一个很有名的辞让国君之位的历史典故。当时吴国的季札贤明而有才干，他的同母所生的三个兄长谒、余祭、夷昧都很喜爱他。为了吴国的国家利益，他们约定传弟不传子，以便能让季札为君。当夷昧死，轮到季札为君，季札借故出使外国去了，结果其侄子僚（夷昧之子）当了国君。阖庐（谒之子）非常不满，派专诸刺杀了僚，请季札当国君，季札坚辞不受，回到封邑延陵，并终身不到吴国国都（今江苏苏州）。季札不仅有崇高的品格，史书中还记载了他出使各诸侯国，见到了当时一些著名人物，如晏子、子产，他对他们都做了评判并提出了中肯的建议，如出使齐国时对晏子说："您赶快交出封邑和政权，没有封邑和政权，这才能免于祸患。"晏子听从了他的建议，后来免于栾氏、高氏发动的祸患。出使郑国时，对子产说："郑国的执政者奢侈，祸患将要来到，政权必然落到您的身上。您掌握政权，要用礼义来谨慎从事。否则，郑国将会难逃败亡的命运。"子产后果执政。这一切表现出季札善于知人论事，很有洞察力和预见性。

05

道得众①，则得国②；失众，则失国。是故君子先慎乎德③。

出处 《大学》第十一章

注释 ①道得众：(作国君的人) 有了好的道德品质，才能得到人民的拥护。②则得国：才能保有国君之位。③先慎乎德：首先要认真修养好（自己）的品德。

译文 有了德，才有人民的拥护，有了人民的拥护，就能保有国家；失去人民的拥护，就会失去国家。所以君子总是首先认真修养好（自己的）品德。

赏读 《大学》一书是专门给做官的"大人"们讲修身、齐家、治国、平天下的学问，所以多数情况是针对国君及执政者来讲的。修、齐、治、平之中，修身为本，而修身的核心是德。有德才有一切，缺德、寡德，甚或失德、丧德，则失去一切。这就要求做官的首先要认真提高个人的道德素质。"先慎乎德"，方能作民之表率，也才能得到人民的拥护和支持。

06

有德此①有人，有人此有土，有土此有财，有财此有用②。

出处　《大学》第十一章

注释　①此：这样，这。②用：开支。

译文　(国君)有了好的道德，才有人民的拥护；有了人民的拥护，就会有土地；有了土地，才会有财富；有了财富，（国家）才能有开支。

赏读　这几句话深刻地揭示了在以农耕为基础的社会中，国君的道德素养与人民、土地、财富、开支几者之间的密切关系。而土地、财富、开支这三者之有无，又全系于国君道德水准之高下。德是决定一切的。儒家之重视道德修养，于此可见。

07

德者本也①，财者末②也。外本内末③，争民④施夺⑤。

出处　《大学》第十一章

注释 ①德者本也：道德是立国的根本。②末：末枝。此指财富。③外本内末：轻视根本而看重末枝。④争民：使民争斗。⑤施夺：施之以劫夺的教育。

译文 道德是立国的根本，财富只是末枝。（如果国君）轻视道德这个根本，而只看重财富这个末枝，就是使百姓与百姓相互争利、国家与人民相互争利，就是对人民施行抢夺别人财富的教育。

赏读 这里揭示了轻视对人民的道德教育，而只看重财富的危害性，强调了道德是立国之本。儒家的学说，始终重视"道"，而轻视"财"；重视"义"，而轻视"利"，这其间的是非，并非一句话就能说清楚的。但是，如果当"道"与"财"，即社会的"公义"与个人的"私利"发生冲突时，无疑应重"义"而轻"利"。这是毫无疑义的。

08 楚国无以为宝,惟善以为宝。

出处《大学》第十一章

译文 楚国没有什么可以当作宝贝的,只有把善人当作宝贝。

赏读 这是《大学》一书引楚书中的话。"惟善以为宝",这是讲当时的楚国以善人为宝的事。据史载,楚昭王使王孙圉(yǔ)聘(古代诸侯之间派使者问候)于晋,赵简子问楚之白珩(珍贵玉器)在吗,价值多少。王孙圉回答,我们楚国没有把白珩看成宝,楚国认为宝贵的是观射父等人,他们行事于诸侯,使别国诸侯找不到挑衅我们国君的借口。又载,秦使臣欲观楚宝,楚国昭奚恤使几个贤臣列坐,说:"客人不是想看楚国的宝器吗?楚所宝贵的是贤臣,请尽管观赏。"

秦使无以对，归告秦王说："楚国现在贤臣很多，没办法图谋。"

09 有德者必有言，有言者不必有德。

出处 《论语·宪问第十四》

译文 品格崇高的人，一定留有有价值的话；而留有有价值的话的人，不一定有德。

赏读 这是孔子的话，讲的是道德与言论(含文章)，也即言与行之间的关系。朱熹对此认为，品格崇高的人，"和顺积中，英华发外"，即和顺之气蕴蓄于心，自然英华流露于外，会吐出名言佳句。而仅仅能说出几句漂亮话的人，不过是能说会道罢了，未必有德。

10

大德①必得其位②，必得其禄③，必得其名④，必得其寿⑤。

出处 《中庸》第十七章

注释 ①大德：有崇高道德品质的人。②位：社会地位。③禄：财富。④名：名望。⑤寿：长寿。

译文 有崇高品德的人，必然能得到应有的社会地位，应有的财富，应该享有的名望，应有的长寿。

赏读 这是孔子的话。他在赞颂了舜的品德后得出这个结论。据说舜是大孝之人，贵为天子，活了98岁。故古人云："仁者寿。"孟子也有类似的言论，例如他说："修天爵（指仁义忠信，乐善不倦），而人爵(指公、卿、大夫)从之（指跟从而至）。"

均为勉励人诚心向善之意。"有德者必有位",是在虞舜上古时期氏族宗法社会推行政教一致的制度下产生的,后世则不一定,但"德"仍为后世以至现代社会所重视。

11

积善之家,必有余庆①;积不善之家,必有余殃②。

出处 《周易·上经·坤》

注释 ①余庆:更多的吉庆。②余殃:更多的灾祸。

译文 积善的人家,必然有更多的吉庆(留给子孙);积不善的人家,必然有更多的灾祸(遗留给后代)。

赏读 长期种下的善因或不善之根,影响是极其深远的。先人种下的善因,会福及子孙；先人种下的祸根，以后会结出恶果，殃及后代。所以《周易·上经·坤》又说："履霜，坚冰至。"意为踩到霜时，坚冰就要到了，这是必然发生的结果。这就明确地告诫人们，要积善，而不要积恶。

12

君子之泽①，五世而斩②。

出处 《孟子·离娄下》

注释 ①泽：光泽，犹言流风余韵。②五世而斩：五世，父子相继为一世，约为三十年。五世指自高祖至玄孙。斩，断绝。

译文 贤德的君子，他的德泽余风，要经历五世才能完全消失。

赏读 好的风气，在一个家族中可以流传相当一个时期，这就是"君子之泽，五世而斩"之意。这个社会现象被孟子观察到了,很多中国人也注意到了这个现象,所以中国传统中很重视家庭的清白,重视家庭的门风,重视家庭的名教。

儒学

道德

13

君子之德风①，小人之德草②，草上之风必偃③。

出处 《论语·颜渊第十二》

注释 ①风：好比风。②草：好比草。③偃：仆，倒。

译文 君子的品德好比风，小人的品德好比草，风吹到草上，草就会顺风而倒。

赏读 这是孔子回答鲁国执政季康子问政的话。孔子提醒季康子，为政不能单靠刑杀，要注意以德感化人，使之回心向善。"君子"，在这里是指在上位的人，有官职的人。"小人"，在这里是指庶民百姓。这就是说，只要官员们道德品质好，就会产生好的社会影响，而在民间就会形成良好的社会风气。

（二） 提升道德水准

01

> 君子进德①修业②，忠信，所以进德也。

出处　《周易·上经·乾》

注释　①进德：增进品德。②修业：古时修业指修营功业，今指研究学术或学习技艺。

译文　君子增进品德，修营功业，要讲求忠信，忠信是用以增进品德的。

赏读　这是孔子解释《周易》乾卦"九三"爻辞的话。孔子认为，进德的根本问题是忠信，做到忠信，方能进德。进德，是指自我内心的进取，一种理想的追求，要"日新，日日新，又日新"，天天不断地进取和追求。

02

君子以成德①为行②，日可见之行③也。

出处 《周易·上经·乾》

注释 ①成德：完成品德修养。②为行：作为行为之目的。③行：行为。

译文 君子的行为，是以完成品德修养为目的，并且表现在每天的日常行为之中。

赏读 这是孔子阐释《周易》乾卦中"六爻"未尽之意的文字。孔子认为君子当以"成德为行"，且应见到"可见之行"。德与行是一致的，是同一事物的两面，藏在内心未露，就是德，表现为行动，就是行，而德，每天都应表现在自己的行为中。这就是"进德"。

03 凡人之所以为①人者，礼义也②。

出处 《礼记·冠义第四十三》

注释 ①为：是。②礼义也：是因为有礼义。

译文 人之所以是人，是因为有礼义。

赏读 天生万物，人为万物之一。人与其他动物同样都有"饮食男女"生理上的需求，这是相同的，没有什么差别，但人异于其他动物，不仅是有智慧，而更重要的是人有"礼义"，这就与其他动物严格地区别开来了。天生万物，人为万物之灵，差别就仅仅在这一点。所以孟子也说："人之所以异于禽兽者几希!"意思是人类和禽兽的分别,是很少的。少在哪里呢?孟子接着说是"仁义"。仁义礼智,这便是"人"的最根本最重要的属性。

04

> 道德仁义,非礼不成。

出处 《礼记·曲礼上第一》

译文 道德仁义,没有礼就不能实行。

赏读 道德仁义,这四者都是以礼开始,而又因礼而完成。反之,没有礼,是不可能成就其道德仁义的。道德仁义是内在的,而礼则是道德仁义的外在表现形式。

05

> 恭①近礼,俭②近仁,信近情③。

出处 《礼记·表记第三十二》

注释 ①恭：恭敬。②俭：节俭。③情：人本来的性情。

译文 恭敬接近礼，节俭接近仁，诚信接近人之性情。

赏读 这是孔子的话。他指出：恭、俭、信三者，还说不上就是仁，但是可以凭这三种美德而进入仁的境界，可以由此减少过失而增进品德。他认为，如果人能恭敬谦让地做事，即使有过失，也不会是很大的过失。仁，孔子认为是道德中很高的境地，他说："仁之难成久矣！"是说很少人能做到仁。又说："若圣与仁，则吾岂敢？"是说谈到"圣"与"仁"这种境界，我还不够。不仅自己做不到，他还说"尧舜其犹病诸"，意为连尧舜至圣之人做到这一步都还困难。但孔子也指出通过恭、俭、信，是可以接近并达到仁的。

06

俭，德之共①也；侈②，恶之大也。

出处 《春秋左传·庄公二十四年》

注释 ①共：大也。②侈：奢侈浪费。

译文 节俭，是善行中之大德；奢侈，是邪恶中之大恶。

赏读 节俭、节约，在任何时候都是人类的美德，因为这是出于对人的劳动、对资源的尊重。反之，奢侈、浪费，是邪恶中之大恶，甚至是"最大的罪"，因为这是对资源、对人的劳动的极不尊重。

07

奢则不孙①，俭则固②，与其不孙也，宁③固。

出处 《论语·述而第七》

注释 ①孙 (xùn)：同"逊"，恭顺。②固：固陋，寒碜。③宁 (nìng)：宁愿，宁肯。

译文 （一个人）奢侈了，就会傲慢无礼；太过俭朴了，又显得土气。但与其（让人看见你）傲慢无礼，倒不如土气一点好。

赏读 这是孔子的话。孔子认为奢侈和过于俭朴，于礼的要求，均"过犹不及"，不合中庸之道。但二者比较起来，奢侈比过于俭朴的害处更大，因此权衡后得出："与其不逊也，宁固"的次要要求。这是戒人奢侈。

08

仁者，人也。

出处 《中庸》第二十章

译文 仁，就是自身具有爱人之心。

赏读 这是孔子答鲁哀公问政的话。孔子学说的外在形式为中庸，而其核心为仁。孔子对仁的阐述，随时而异，因人不同。释迦说慈悲，耶稣说博爱，孔子说仁爱，这三大哲人所处的时代、国情、地位都有很大的差异，但其学说则似乎如出一辙，这大概就是所谓智者所见略同吧。

09

唯仁人为能爱人，能恶人①。

出处 《大学》第十一章

注释 ①恶（wù）人：指能够放逐、摒弃恶人。

译文 只有心怀仁爱之心的人，能爱人民，能够果断地处置、摒弃恶人。

赏读 有爱就有憎，爱憎分明，这就是仁者之心。正因为仁人能爱人民，以"保我子孙黎民"免遭恶人的蹂躏,所以就能坚决果断地摒弃和处置恶人。如具有仁爱之心的舜放逐共工氏等四凶,把他们驱逐到四方边远地区,使天下人心悦诚服。仁者爱人,但绝不是不讲是非、不讲原则地爱,更不是柔弱懦怯,而是有鲜明的是非和爱憎。故孔子也说:"唯仁者,能好(喜爱)人,能恶(憎恨)人。"

10

夫仁者,己欲立①而立人②,己欲达③而达人④。

出处 《论语·雍也第六》

注释 ①己欲立:自己要立身于世。立,立身。②立人:使别人能立身。③达:通达,达到。④达人:使别人达到或通达。

译文 所谓仁德的人,应该是自己能立身于世间，站得住脚，也要使别人能立身于世间，站得住脚；自己想达到、获得的，也要使别人能达到、获得。

赏读 这是孔子的话，是《论语》中的名句。"己欲立而立人，己欲达而达人"，这就是仁者之行。总而言之，己所欲，施之于人，己所不欲，勿施于人，凡事推己及人，这就是仁爱之道。

11

> 恻隐之心①，仁之端②也；羞恶之心③，义之端也；辞让④之心，礼之端也；是非⑤之心，智⑥之端也。

出处 《孟子·公孙丑上》

注释 ①恻隐之心：同情心。②端：开始。③羞恶之心：羞耻之心。④辞让：谦让。⑤是非：辨别正确与错误。⑥智：智慧。

译文 同情之心是仁爱的开端，羞耻之心是道义的开端，谦让之心是礼仪的开端，是非之心是智慧的开端。

赏读 这是孟子的名言。孔子只谈"性相近"，而孟子则直言人"性本善"，他论述人性本善，就是从这恻隐、羞恶、辞让、是非四者，为仁、义、礼、智之"端"、之本来立论的。他还提出，人有此四端，就好像人有手脚四体，是人本身所固有的，不假外求的。如果认为人没有此四端，就是自害其为善之道，而不愿为善。这也是孟子人性本善的理论依据。

12

诚于中①，形②于外。

出处 《大学》第七章

注释 ①中：心中。②形：体现。

译文 内心有了诚意，就会在行动中表现出来。

赏读 孔孟学说有两个主要的目的：一是修己，二是治国。修己是为了更好地治国，治国必然要修己。所谓修己，就是提高自身的道德素养，即是常说的修养。修养，首先要讲诚意(使自己意念诚实)、正心(使自己心思端正)。所谓诚意，就是说不要自己欺骗自己。"毋自欺也"，就是"诚其意"。这是孔孟讲修身的第一课。

13

诚者天之道①也，诚之者②人之道③也。

出处 《中庸》第二十章

注释 ①天之道：即天道，上天本来之道。②诚之者：要做到这个"诚"字。之，这。③人之道：人世间之道。

译文 "诚"，是天道的本来原则；而要做到"诚"，这也是人世间本来的原则。

赏读 这是孔子答鲁哀公问政的话。"诚"是做人的一个很重要的品质，儒家学说讲"天人合一"，指出"诚"是"天之道"，亦即"诚"来源于"天道"，"诚"就是"天道"的本来原则。为什么说"诚"就是"天道"的本来原则呢?所说的"天"，指宇宙、指大自然。"天道"，就是大自然的客观规律，"天道"是不以人的主观意志为转移的。这就要求人们必须以老老实实的态度即"诚"来对待它，来不得半点虚假，更不能"自欺"。所以说"诚"是"天之道"，要做到"诚"是人世间之道。

14

> 凡有血气，皆有争心①，故利不可强②，思义为愈③，义，利之本④也。

出处 《春秋左传·昭公十年》

注释 ①争心：争夺之心。②强：强取。③思义为愈：想着道义就能胜过别人。愈，超过。④义，利之本也：道义，是利益的根本。

译文 凡是有血气的人，都有争夺之心，所以利益不能强取，心里想着道义就能胜过别人，道义，是利益的根本。

赏读 这是春秋时齐国名相晏子的话。义和利，对二者取舍的态度，也关乎人的道德素养。当对"义"与"利"有所取舍时，是"义"为先，还是"利"为先？这体现了人的道德水平的高低。晏子讲"义，利之本

也"，这就抓住了"义""利"二者的根本关系。在实际生活中，人们事实上也都鄙弃那种见利忘义的人。以商贸来说，如毫无信义可言的企业，顾客都不上门，又怎能有利呢？国与国、人与人的交往亦是如此。

15 见义不为，无勇也。

出处 《论语·为政第二》

译文 见到了应该挺身而出去做的事，却不肯去做，这是没有勇气的表现。

赏读 这是孔子的话。孔子不仅把仁义看作道德的体现，也把敢不敢行仁仗义看成是一个人的道德体现，这就是道德的勇气。所以孔子非常强调智、仁、勇这三种美德，认为智、仁、勇是"天下之达德也"。当然勇也需以礼来节制，不然要出问题。为此，他又说："勇而无礼则乱。"还说："好勇疾(恨)贫，乱也。"至于"义""勇"之间的关系，孔子又说："君子义以为上，君子有勇而无义为乱。"这些道理，阐述得非常深刻。

16

天下国家可均①也,爵禄②可辞③也,白刃④可蹈⑤也,中庸⑥不可能也。

出处 《中庸》第九章

注释 ①均:平定,治理。②爵禄:爵位俸禄,即高官厚禄。③辞:谢绝。④白刃:锋利的刀刃。⑤蹈:踩。⑥中庸:中庸之道。"不偏之谓中,不易之谓庸",中庸,即不偏不倚,无过无不及之意。

译文 天下国家是可以平定治理好的,高官厚禄是可以辞去的,锋利的刀刃是可以踩踏而过的,但要完全做到中庸的要求,却是非常困难的。

赏读 这是孔子的话,他认为天下最难以办到的三件事:平治天下、辞去高官厚禄、身蹈白刃,有一部分人完全可以做到,而最不容易做到、比这更难达到的境界是"中庸",于此突出了中庸之重要、中庸之难以企及。在儒家的学说中,中庸既是一个哲学思想,也是一个治国理念,还是一个道德范畴,内容是非常丰富、非常深刻的。故孔子说:"中庸其至矣乎!民鲜能久矣。"他慨叹中庸这种最高境界的德行,人们长期以来很少能做到。为什么中庸难以企及呢?据后世学者阐释,认为是有智慧的人做得过头了,而智商不高的人又达不到,所以为难。

（三）道德的缺失

01

人化物①也者，灭天理②而穷人欲③者也。

出处 《礼记·乐记第十九》

注释 ①人化物：人的内心受外界物质的引诱而发生变化。②灭天理：灭绝人的天赋善性。③穷人欲：极力追求欲望的满足。穷，尽。

译文 人的内心受到外界物质的引诱就会发生变化，人变化为"物"，一旦出现这种变化，就会灭绝上天赋予人的善良的本性，而去极力追求个人无穷的物质欲望的满足。

赏读 儒家认为，人的本性是善良的，而要保持这善良的本性，就必须克服外界物质的引诱，克制自己的欲望。一旦人的本性受外界物质的引诱而发生变化，就会"灭天理而穷人欲"，从而对社会造成重大危害。这时人就会使用悖逆、诈伪的心计，就会纵欲放荡、为非作歹。社会上就会有强侵弱、众暴寡、智诈愚、勇欺怯、有病无人侍奉、老幼孤独流离失所等现象发生。这就是大乱的渊源。因此，儒家认为，人的欲望是应该受到克制的。克制之法便是"克己复礼"，即克制个人欲望之膨胀，并用礼来加以制约。当今一些人走上犯罪道路，就是因为"人化物"后，为"穷人欲"而引起的。

02

> 国家之败①,由官邪②也。官之失德③,宠④赂章⑤也。

出处　《春秋左传·桓公二年》

注释　①败:衰败。②邪:邪恶。③失德:道德的缺失。④宠:受宠幸。⑤赂章:贿赂公行。赂,贿赂。章,同"彰",显明,公开。

译文　国家的衰败,由于官吏的邪恶。官员们道德的缺失,加上受到宠幸而更肆无忌惮,以致贿赂公开,腐败成风。

赏读　官员们道德素质低,加上受到上级宠幸,更肆无忌惮,以致贿赂公行、腐败成风,从而导致一个朝代、一个国家的衰落以致覆灭,这是人类社会自有国家这个形态起便存在的一个难以治愈的顽症。因此,吏治之风清廉与否,执政者应视为关乎其生死存亡的大事来严肃对待,认真加以解决。

03

> 天反时①为灾,地反物②为妖,民反德③为乱。

出处 《春秋左传·宣公十五年》

注释 ①天反时:大自然违反正常规律,如雨霜雷电过多或不及,甚至寒暑易节,均为"天反时"。②地反物:指万物失其本性。如草木虫鱼、禾稼之病害,人类之瘟疫。物,指万物之本性。③民反德:人违反道德。

译文 上天违反时令或自然常规就是灾难,地上的动植物违反自身的本性就有妖异,人违反应有的道德就有祸乱。

赏读 古人喜讲"天人感应""天人合

一"，也于此可见。时由天，物在地，如果反常，故属灾异，但"民乱德"，民即人，人乱德，是指执政者，而并非指庶人。"天人感应"，是讲人君感之，非百姓感之；是指国无善政，既造成对人的祸害，也构成对大自然的破坏，而形成"天怒人怨"的局面。这三者中，"民反德为乱"最应注意。

04

孝敬忠信为吉德，盗贼①藏匿②为凶德。

出处 《春秋左传·文公十八年》

注释 ①盗贼：偷窃或抢劫别人财物。②藏匿：掩匿、窝藏。

译文 孝顺、恭敬、忠诚、有信用是吉德，偷窃、抢劫、窝藏（凶犯或赃物）是凶德。

赏读 古人认为，"德者，得也"。自得于心，心之所得，有善有恶。善恶是以法来判别，合法则为吉德，不合法则为凶德。吉德的失落，必然导致凶德的到来。凶德既失德，也违法。所以德，也是用来立身处世的。盗贼藏匿既是凶德，那么就应该：一不做作奸犯科凶德之事；二要加强孝敬、忠信等吉德素质的提高。

05

君子中庸，小人反①中庸。

出处 《中庸》第二章

注释 ①反：违反。

译文 君子能做到中庸，能顺常理处事而不偏不倚、无过无不及；小人的行为却是违反中庸之道的。

赏读 这是孔子的话。意思是有道德修养、有学问的人，做事能谨守中庸之道，心理和行为都符合常道，容貌温和，喜怒不过节，有分寸。"君子依乎中庸，遁世不见知而不悔"。小人由于缺乏道德修养和知识，不能守中庸之道，其心理和行为往往违反常规，缺乏分寸，无所忌惮，粗野狂暴，故敢于做出逆情违理之事。

06

小人贫斯约①，富斯骄，约思盗②，骄思乱③。

出处 《礼记·坊记第三十》

注释 ①贫斯约：贫穷了日子就窘迫不好过。斯，那么，就。②约思盗：日子窘迫了就想去偷抢。③骄思乱：骄奢就会犯上作乱。

译文 小人贫穷了，日子就窘迫不好过，而一旦富贵了，就骄奢起来。日子窘迫时，他就想到去偷去抢,骄奢了就会犯上作乱。

赏读 这是孔子的话。这几句话阐明小人由于道德的缺失,不论处于贫穷还是处于富裕,都有可能干作奸犯科之事。要避免这种情况的发生,最根本的还是要倡导精神文明的建设,核心是道德素质的提高。修身,是提高个人道德水平的根本所在。

07 数①典②而忘其祖③。

出处 《春秋左传·昭公十五年》

注释 ①数:数着说。②典:指历史上的制度、事迹。③祖:祖先。此指事物的根由。

译文 列举过去发生的事情,忘记了过去所受的恩惠。

赏读 春秋时晋国大夫籍谈出使周王室。席间，周王问籍谈为什么没有器物贡献王室，籍谈回答说，晋国从来没有受过王室的赏赐，没有器物来贡献。周王当即扳着指头一一举出晋国受赏的事情，责问籍谈："你身为晋国司典(掌管典籍文书档案的官员)的后代，怎么连祖上这些事都忘了？"讥讽籍谈"数典而忘其祖"。"忘其祖"，即忘本，这也是一种道德上的缺失，即今之所谓忘恩负义。

08

君子喻①于义，小人喻于利。

出处 《论语·里仁第四》

注释 ①喻：晓，明白。

译文 君子明白的是义，小人明白的是利。

赏读 这是孔子的话。这里谈的是君子与小人的人生志趣与追求的不同。《论语》中对君子与小人的概念,所指常有不同。有时以地位分,则君子指统治者,小人指平民百姓;有时以道德区分,则君子指有

道德的人，小人指道德水准低下的人。这里的君子、小人的含义，显然是指后者，意为在如何对待"义"和"利"的态度上，就区分了谁是君子、谁是小人。儒家认为人们对"义"和"利"的价值评判，实质上也是一种对道德价值的评判。

09 饱食终日，无所用心①，难矣哉②。

出处 《论语·阳货第十七》

注释 ①无所用心：什么心思也不用。②难矣哉：难望有成。

译文 整天吃饱了饭，什么心思也不用，（这种人）难望有成。

赏读 这是孔子的话。孔子批评那种一天到晚只知满足口腹之需，而不肯在道德的提升、专业技术和事业上用心思的人，是难望有所成就的。他甚至说，不是有一种下围棋的活动吗？(当时我国围棋活动仅限于是消遣娱乐，不是正业，不像今天已列入体育活动的范畴)叫这种人去玩玩，总比成天什么心思也不用要好。(原文："不有博弈者乎？为之犹贤乎已！")

10

乡原①，德之贼②也。

出处 《论语·阳货第十七》

注释 ①乡原：指那种外表老实谨慎而实际是伪君子的人。原与"愿"通，乡原，即乡愿。②德之贼：道德的蟊贼，即道德的破坏者。

译文 那种外表老实巴交的好好先生，是道德的蟊贼。

赏读 这是孔子痛斥乡愿的话。所谓乡愿，孟子对这类人有一个很好的描述，说这类人的特点是，要说他不对，又没什么大过错，要责怪他，又无可指责之处，他总是迎合流俗，讨好污世，乍看起来为人好像忠厚老实，行事也好像清廉，大家都喜欢他，他自己也以为不错，但就是与真正的道德要求搭不上边，因此说他是道德的破坏者。这种道德的假象，容易造成道德的误导。

11

恶紫之夺朱①也，恶郑声②之乱雅乐③也，恶利口④之覆邦家⑤者。

出处 《论语·阳货第十七》

注释 ①恶紫之夺朱：厌恶那不正的紫色代替朱红的正位，充任正色。朱，朱红色。紫，紫色。古人认为朱红色是正色，紫色是不正的颜色。②郑声：郑国的音乐，代表淫声。郑国(今河南郑州一带)之俗，有溱洧之水，男女聚会，讴歌相感，故古人认为是淫声，不能作祭祀之用。③雅乐：即《诗经·大雅》和《诗经·小雅》的音乐，儒家认为这是先王之正乐。④利口：指华而不实，花言巧语，只知讨好取媚国君的人。⑤覆邦家：颠覆国家。

译文 讨厌用不正的紫色代替朱红的正色地位，憎恨那郑国的靡靡之音搅乱了严肃正统的雅乐，更憎恶那花言巧语的人能导致国家颠覆。

赏读 这是孔子的话。孔子厌恶邪僻之夺正道，例如紫色代替朱红、郑声代替雅乐、伶牙俐齿的小人代替严肃正经的君子，并提醒人们：邪气有时也能压倒正气，应提高警惕，严加防范。孟子在《孟子·尽心下》中亦引孔子此说，怒斥"乡愿"，"恐其乱德也"。朱熹对"利口"之人也进行了揭露，他说："利口之人，以是为非，以非为是，以贤为不肖，以不肖为贤，人君苟悦而信之，则国家之覆也不难矣。"

12

人而无信①，不知其可②也。

出处 《论语·为政第二》

注释 ①无信：没有信用。②可：可以。

译文 人如果不讲信用，不知道他怎么可以立身处世。

赏读 这是孔子的话。他告诫人们，一个人如果不讲信誉，是无法在社会上立身的。即使这个人还有其他的才干，也没有人敢用他。诚实，不说谎，这是做人道德的起码要求，如果多数人诚信失落，以假面孔示人，那么这个社会也就无法维系了。

13 人之所以异①于禽兽者几希②！

出处　《孟子·离娄下》

注释　①异：不同。②几希：细微，稀少。

译文　人和禽兽的区别是很少很少的！

赏读　这是孟子的话。孟子认为人和禽兽的区别是很少的。人与禽兽俱生于天地之间，能知趋利避害，饮食男女，人有此性，禽兽亦有此生理之需，这些都没有什么区别。而人异于禽兽，是人知仁义，而禽兽不知仁义。小人之所以为小人，就在于失去了人的本质属性——仁义，有道德的人则保存了仁义之心而未丧失。人如果丧失了仁义这个基本的道德属性，那么与禽兽也就差不多了。

14

小人闲居①为不善②，无所不至③，见君子而后厌然④，掩⑤其不善，而著⑥其善。

出处 《大学》第七章

注释 ①闲居：独处。②为不善：做不善的事。③无所不至：什么坏事都干得出来。④厌(yàn)然：闭藏貌，即遮遮掩掩、躲躲闪闪的样子。⑤掩：掩藏。⑥著：显露。

译文 小人独处无人时，总是做坏事，什么坏事都做得出来。见到君子以后，却又遮遮掩掩，以便隐藏他的坏行为，假装成一副善良的样子。

赏读 这几句话在告诫人们，要识别小人的两面派行为。小人总是干坏事(不然何

以叫小人)，甚至无所不至，而他们干了坏事后，还要装成正人君子的样子。因此，人们总是在小人坏事暴露、东窗事发后才明白其为小人。小人的这种两面派作法，关键在于他们缺乏一个"诚"字。因此，我们要特别警惕那种言不由衷、支支吾吾、花言巧语，行为遮遮掩掩、躲躲闪闪的人。因为这种人心中有鬼，故常将真相掩藏起来，而以假象示人。

15

小人以小善①为无益而弗②为也，以小恶③为无伤而弗去④也。

出处 《周易·系辞下传》

注释 ①小善：小的善行。②弗：不。③小恶：小的恶行。④去：去恶从善。

译文 小人认为，小的善行不会给自己带来好处，就不去做；认为小的恶行不会对自己造成什么伤害，就不肯去恶从善。

赏读 这是孔子的话。一个人成为好人或成为恶人，都不是一朝一夕的事，而是长期积累而成。君子明白，大善是由若干小善累积而成，故能积小善而成大善。老子说："合抱之木，生于毫末；九层之台，起于累土；千里之行，始于足下。"而小人由于道德的缺乏，良知的泯灭，故积若干小恶而终至大恶，以致恶行累积到不可掩饰的程度，犯罪大到无法消解的地步。故刘备告诫其子阿斗曰："勿以善小而不为，勿以恶小而为之。"

16

小人不耻不仁①，不畏不义②，不见利不劝③，不威④不惩⑤。

出处 《周易·系辞下传》

注释 ①不耻不仁：不以不仁为可耻。②不畏不义：不以不义为可怕。③劝：奖赏，此指进取。④威：威吓。⑤惩：警戒。

译文 小人不以不仁为可耻，不以不义为可怕，不看到有利可图不会进取，不加以威吓不知道戒惧。

赏读 这是孔子解说《周易》的话。孔子认为君子讲仁义，所以用仁义责备君子；而小人是不讲仁义的，所以不能用仁义来责备小人。因为，小人不以不仁为可耻，不以不义为可怕，不看到有利可图不会想到要进取，不加威吓不知道畏惧，说白了，就像泼皮牛二似的是无赖。因此，对待小人只有两个办法：一是晓之以利害得失，一是施之以威，而主要是施之以威。当小人的罪恶还很微小时，就应以威制之，使之有所收敛、有所畏惧，不致酿成大的恶行，这叫"小惩而大诫"。这样对待小人，使小人以后不至于有大的灾祸，孔子认为是小人的福气。

17

士未可以言而言①，是以言铦②之也；可以言而不言③，是以不言铦之也。

出处 《孟子·尽心下》

注释 ①未可以言而言：不该交谈而交谈。②铦(tiǎn)：探取，勾取。③可以言而不言：该挺身而出说句公道话却不说。

译文 一个读书人，（见了地位尊贵的人）不该和他交谈却竭力巴结，这是用言谈讨好别人；该站出来说句公道话却不说，这是用不说来讨好别人。

赏读 不该他说时，他却花言巧语，竭

力讨好；该他站出来说时，他又像缩头乌龟，缄口不语。这两种行为都是谄佞的表现，是想以这种方式捞到某种好处，所以孟子斥之为小偷一类的人。

18

无耻过^①作非^②。

出处 《尚书·商书·说命中》

注释 ①耻过：以过为耻。②作非：即文过饰非。用虚假、漂亮的言辞掩饰过失和错误。

译文 不要羞于认错而文过饰非。

赏读 这是商朝名相傅说向商高宗武丁进谏时说的话。意为不要像小人那样，有了过失，不敢承认，还要用一些虚假漂亮的言词来掩饰，这就会铸成更大的错。一个人承不承认错误，也需要有道德上的勇气。有了错误并不可怕,重要的是敢不敢面对错误。

19

> 其未得之①也,患②得之;既③得之,患失之④;苟患失之,无所不至矣⑤。

出处 《论语·阳货第十七》

注释 ①得之:得到官位。②患:担心。③既:已经。④失之:失去官位。⑤无所不至:什么事都干得出来。

译文 (鄙夫这种人)在他还没有官位时,担心得不到;当已经得到官位时,又担心会失去它;如果担心会失去官位,就什么事也做得出来。

赏读 这是孔子论鄙夫之行的话。孔子认为,鄙夫,即卑鄙的小人,一心只想做官,从中捞到好处,根本无任何道义可言。

所以这种人成天总是患得患失，忧心忡忡：未得到官位时，担心得不到；得到了官位时，又担心失去。而一旦他感到有危险，担心官位不保时，为了保住这得来不易的官位，他会不择手段，什么卑鄙事都做得出来。同这种人共事，要提高警惕。

修 养

（一）修身为本

01

自天子以至于庶人①，壹是②皆以修身③为本④。

出处 《大学》第一章

注释 ①庶人：平民百姓。②壹是：都是，一律。③修身：修养自身的品德。④

本：根本。

译文 从天子到平民百姓，每一个人都要以修养好自身的品德作为做人的根本。

赏读 儒家的学说主要在修身治国。修

身是做人的第一要务，是做人的根本所在。上自天子，下至庶民，贵贱虽异，但修身是每一个人的必修课，无一例外。儒家强调每一个社会成员，特别是有特权的天子，都要以"修身为本"，这对整个中华民族精神文明的建设、道德素质的提升，产生过重大的影响。

02

天下之本在国①，国之本在家，家之本在身。

出处 《孟子·离娄上》

注释 ①国：此指春秋战国时期的诸侯国。

译文 天下的根本在于国，国的根本在于家，家的根本在于个人。

赏读 这是孟子的话。孟子从阐述天下、国家(当时的诸侯国)、个人的关系出发,强调了个体人的素质对家、对国、对天下的重要。家、国、天下,是由一个一个的个体的人组成的,没有一个一个的人,就没有家、国、天下可言。因此,人是这一切的根本。儒家强调"人本主义",强调"以人为本",道理也在于此。正由于此,儒家特别重视个人素质的提升,强调对人的关爱和保护。这也是儒家学说的精华所在。

03

苟①得其养②,无物不长③;苟失其养,无物不消④。

出处 《孟子·告子上》

注释 ①苟:假如。②养:养护。③长:生长。④消:消亡,灭亡。

译文 如果能得到正确的养护,任何事物都可以生存发展；如果失去正确的养护，任何事物都会趋于消亡。

赏读 齐国国都近郊牛山上的树木，曾经是很茂盛的，后遭牛羊践踏和刀斧的砍伐，成了光秃秃的样子。孟子说，这不能说牛山的本性不会生长树木。以此为喻，孟子指出人本有良善之心，但由于长期利欲驱使，良善之心遭到桎梏，以至于消亡，这便和禽兽差不多了。他以此为譬喻阐明，人之所以为不善，因失其养，而梏亡其良心所致。孟子特重一"养"字，认为道德、至善之心，皆可养而致之，做到这一点，便人人皆可成尧舜。他又说，即使人的善良本性受到伤害，也可通过"养"而得到恢复。就像光秃的牛山，如停止刀砍斧削和牛羊践踏，牛山依然会林木丰美起来。这都是鼓励人向善的言论。

04 性相近①也,习相远②也。

出处 《论语·阳货第十七》

注释 ①性相近:人的本性在未受外物所惑时是相似的,人与人的本性是接近的。②习相远:古人认为,人受外物所惑,由于习俗不同,人与人的习性差别就很大了。

译文 人的本性本来是相接近的,彼此都差不多,但由于后来各人的境遇及习俗不同,彼此间的习性就相差很远了。

赏读 这是孔子的话。孔子认为,人的本性,原先彼此都差不多,但后来由于环境、习俗、教育等的不同,则习以性成。若习于善,则为君子;若习为恶,则为小人。这两种人的"性",相差就很远了。所以,人性善恶之改变,乃后天的结果,故教导人们要慎于所习。孔子只讲"性相近，习相远"，未言性本善或性本恶。孟子则直言人"性本善"，并作了充分的论证，对后世影响很大，对儒家学说的发展产生了重要的推动作用。

05

我善养①吾浩然之气②。

出处 《孟子·公孙丑上》

注释 ①养：培养。②浩然之气：正大刚直之气。

译文 我善于培养我的正大刚直的浩然之气。

赏读 "浩然之气"，这是孟子提出的一个非常有名的哲学概念。养浩然之气，这对中国士大夫阶层、对整个中华民族道德素质的提升，有着巨大的影响力。所谓"浩然正气"，即至大至刚的人间正气。至大，即无所不在，充塞于天地之间；至刚，即无所不胜，因为是以直道培养而不以邪道干扰、损害它。孟子指出，这种浩然之气，是集"义"和"道"所生之气，而"道"和"义"，又是从人的内心自然生长出来的，而不是从外袭入的。这种浩然正气配"道"则大，配"义"则刚，所以至大至刚。这便是浩然之气的全部内涵。南宋民族英雄文天祥在狱中所写的脍炙人口的《正气歌》，对孟子所提的浩然之气做了十分生动深刻的阐发，对进一步提升中国知识分子的道德素质有着不可估量的影响。

06

士[①]不可以不弘毅[②]，任重而道远[③]。

出处 《论语·泰伯第八》

注释 ①士：读书人，知识分子。中国古代，士是一个特殊的阶层。天子、诸侯（分公、侯、伯、子、男五等）、卿、大夫、士、庶人，这便是当时的等级划分。而士，如做了官，即大夫，便不是平民；如未做官，与平民一样，是游离于官与民之间的一个特殊社会阶层。②弘毅：宽宏坚毅。弘，大，此指胸襟宽广。毅，指意志坚毅。③任重而道远：担子很重，且路程遥远。任，任务，担子。道，路。

译文 读书人不可以不胸襟宽广、意志坚毅，因为他们承担的任务重大，而道路又遥远。

赏读 这是曾子的话。曾子在这里勉励读书人要培养自己心胸宽广、意志刚毅的品格，以期将来能承担起社会的重任。在曾子看来，要实施仁德的政治，任务是重大的，而实现这一重任,不是一代人能完成得了的,要奋斗到死方能罢休,所以道路又是遥远的。既如此,就要克服那种想一蹴而就的急躁情绪和褊狭心态,而代之以弘毅的良好品格。

07

> 德之不修①，学之不讲②，闻义不能徙③，不善④不能改，是吾忧也。

出处 《论语·述而第七》

注释 ①修：修养。②讲：追求。③徙：迁，从。④不善：错误。

译文 不修养品德，不追求学问，听到正义的事不去做，有了错误不改正，这些都是我所忧虑的事。

赏读 这是孔子的话。孔子以品德、学问、正义之事不能追求及"不善不能改"四者为忧，说明学道要能日新无穷。孔子在这里实质上讲的是忧在修身，忧在进德修业。由此可见，孔子一生所追求的是人间的正气，追求的是做古今完人。

08

苟日新①，日日新②，又日新。

出处 《大学》第三章

注释 ①日新：每天都把污垢洗干净，换上一副新的容貌。②日日新：天天都把污垢洗干净，新而又新。

译文 如果每天都能把身上的污垢洗干净，以后便应该天天把污垢洗干净，新而又新，继续不断，新之不已。

赏读 这是《大学》一书引述的商汤王一个沐浴盘上的一段铭文。商汤王在其用青铜铸成的洗面盆上刻上了"苟日新，日日新，又日新"这样九个字的铭文，以便洗脸时能天天看见它，自我勉励。一个帝王做到这一步，很不容易。人对自身道德上的修养，也应像每天洗脸一样"日新，日日新，又日新"，才能汰去污渍，而不被尘垢所染。

09 君子疾①没世②而名③不称④焉。

出处 《论语·卫灵公第十五》

注释 ①疾：恨，担心。②没世：死去。③名：名声。④称：称道。

译文 君子所担心的是自己死后没有好的名声被人称道。

赏读 儒家很重视名教，很强调青史留名，即在历史上留下一个好名声，为后人所称道。留个好名声，民间也很重视，谚云："人过留名，雁过留声。"即说明了这一点。孔子认为一个人生前在道德、事业上应该有所为，即既有良好的道德素养而无被人诟病的污点，又能为社会的有益事业作出贡献，留下一个好的名声，让后人钦仰，这才是人生的追求。

10

子①在川上②曰："逝者③如斯夫④！不舍昼夜⑤。"

出处 《论语·子罕第九》

注释 ①子：指孔子。②川上：河边。③逝者：消逝的时光。④如斯夫：像这样啊。斯，这，指流水。夫，句末语气词，相当于现在的"啊"。⑤不舍昼夜：昼夜不停。舍，停止。

译文 孔子站在河边上，（看着滔滔不息的河水奔流不止）感叹地说："时光就像这流水一样啊！日夜不停地在流逝。"

赏读 这是孔子借流水为喻，感叹岁月不居，既往不可复返，勉励他的弟子当爱惜时光，在道德和事业上不断进取，自强不息。"逝者如斯夫"，这句富有哲学意味的语言，对后世影响颇大。毛泽东主席在他的《水调歌头·游泳》一词中，也直接引用了这句话："子在川上曰：逝者如斯夫！"表达要以只争朝夕的精神，来建设三峡大坝水电站，实现其建设社会主义的宏伟规划。

11

为政在人①，取人以身②，修身以道③，修道以仁④。

出处 《中庸》第二十章

注释 ①人：指得贤人。②取人以身：要想得到贤人，靠（国君）先修正己身。③修身以道：修身要先修道德。④修道以仁：欲修道德，必须先修仁义。

译文 要行善政,必须得贤臣;要得到贤臣,必须先正其自身;要修正其自身,必须先提升道德品质;要提升道德品质,必须以仁义为先。

赏读 这是孔子回答鲁哀公问政的话。孔子认为为政须得贤人，得贤人须先正身，正身须先提升道德，提升道德又以仁义为先。他用这种层层推进的分析方式，向鲁哀公阐明修身之道，当以仁义为第一要务，仁义是修身的核心内容。"物以类聚，人以群分"，执政者本人如果是一个德才兼备的好领导，围绕在他的周围的，大多数自然会是贤人和社会精英；如果是一个贪婪昏庸的坏蛋，麇集在他身旁的，不少人会是溜须拍马、无耻钻营的宵小之徒。因此，执政者自身修养的好坏，是能否得到贤人的关键。

（二）修身之道

01

> 有匪①君子，如切如磋②，如琢如磨③。

出处 《诗经·国风·淇奥(yù)》

注释 ①匪：同"斐"，有文采。《大学》第四章直接写作"斐"。②如切如磋：像切磋一样。把骨头加工为器物，古代称为"切"；把象牙加工成器物，古代称为"磋"。③如琢如磨：像琢磨一样。把玉加工成器物，古代称为"琢"；把石头加工成器物，古代称为"磨"。

译文 那位君子文采焕然、风度高雅，如切如磋，使得他的品行端庄，如琢如磨，使得他的道德纯良。

赏读 据本诗《序》说："美武公之德也。"是说卫武公做周平王卿士的时候，已年过90，还欢迎人们批评。此诗便是颂扬其德的。这三句是赞扬其文采才华和品德修养的，而这又是由积学进修、不断自我磨砺而得。"如切如磋，如琢如磨"，后世便凝缩为"切磋琢磨"这一成语，比喻人们互相商量、研究，学习长处，纠正缺点。

02

养心①莫善于寡欲②。

出处 《孟子·尽心下》

注释 ①养心：修养心性。②寡欲：减少欲望。

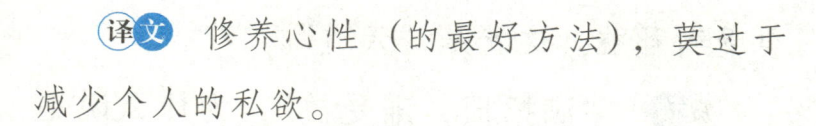

译文 修养心性（的最好方法），莫过于减少个人的私欲。

赏读 这是孟子教人养心之术的话。意为要想修养好自己的心性，最好的办法是减少个人的私欲。因为人之私欲少，就不易受外界事物之牵累，即使有不测之横祸，也不是常情。反之，多欲就易为外物所牵累，易遭祸患，即使幸免，也不过侥幸而已，这也同样不是常情。故结论是：廉者招福，浊者速祸。

03

满①招损②，谦③受益。时乃天道④。

出处 《尚书·虞书·大禹谟》

注释 ①满：自满，骄傲自满。②损：损失。③谦：谦虚。④时乃天道：这就是上天之常道，即大自然法则。

译文 骄傲自满会招来损失，谦虚谨慎会受到补益。这就是"天道"。

赏读 "满招损，谦受益"，为什么说是"时乃天道"呢?按《周易·上经·谦》："天道亏盈而益谦，地道变盈而流谦，鬼神害盈而福谦，人道恶盈而好谦。"这就是说，天的法则，满盈了便要使之亏损，使谦虚增益；地的法则，改变满盈的状态，使其流入谦卑的状态；鬼神的本性是损害满盈，施福于谦虚；人的法则，厌恶满盈，喜好谦虚。这是讲天、地、鬼神和人都尚谦而恶盈，盈必招损，谦必受益的道理。例如：从天道看，日中则昃，月满则亏，损有余以补不足，是谦受益；从地道看，水从高岸倾入低处，是谦受益；从人道看，即人的情感而言，也是讨厌盈满，而喜欢谦逊的，还是谦受益。所以说，"满招损，谦受益"，这就是自然界的法则，是"时乃天道"。

04

居①移气②，养③移体④。

出处 《孟子·尽心上》

注释 ①居：居所，指环境。②气：气质。③养：奉养，生活条件。④体：体质。

译文 居住环境，可以改变（人的）气质；生活奉养，可以改变（人的）体质。

赏读 这是孟子自范城到齐国国都见齐王王子们仪态后所发的一段感想。意思是人的禀性都是一样的，但居住环境及生活奉养改变了人的气质及形体。人如处于尊位及有财势者，则气大，说话声音高亢；处于卑位或穷困的地位，则气小，说话声音低沉。当然，孟子在这里是就一般人之常情而言，并非指所有人。

05

> 博闻强识①而让②，敦③善行而不怠④，谓之君子。

出处 《礼记·曲礼上第一》

注释 ①强识（zhì）：记忆力强。识，记。②让：谦让。③敦：督促。④怠：怠惰。

译文 博闻强记而能谦让，经常做善事而不懈怠，才可以称为君子。

赏读 这里对君子一词的含义，做了明确的界定：既要有良好品德，表现为常做善事而不停止，又要有良好的知识素养，表现为博闻强识，但又不表现出骄傲于人的行为。因此，古之所谓君子，是指德业双修而又卓越的人。

06

> 敖①不可长②，欲不可从③，志不可满④，乐不可极⑤。

出处 《礼记·曲礼上第一》

注释 ①敖：同"傲"，傲慢之心。②长：滋长。③从（zòng）：同"纵"，放纵。④满：自满。⑤极：顶点。

译文 要杜绝傲慢之心，不可让其滋长；欲望不可放纵；志趣需自持，不可表露自满；享乐不可放任无羁。

赏读 有傲慢之心，若仅停留于内心而无外在表现，于外物无害，但若外在表现非常显著，则对他人的伤害就重，也可能由此而造成自身的毁灭。欲，指心所贪爱，"饮食男女，人之大欲存焉"，人皆有欲，但不能放纵。人各有志，但不得自满。古人云"器满则倾,志满则覆","满招损,谦受益"。所谓乐,人皆有乐,但需抑制,不可放任不羁,故《乐记》说"乐盈(满)而反",即欢乐过度,就会走向它的反面。成语也有"乐极生悲",均言乐不可过分,过分就会走向反面而发生不幸。

07

> 貌曰恭①,言曰从②,视曰明③,听曰聪④,思曰睿⑤。

出处 《尚书·周书·洪范》

注释 ①貌曰恭:态度要恭敬。②言曰从:言语要合乎道理。③视曰明:观察人、事、物要清楚明白。④听曰聪:听取意见要聪敏。⑤思曰睿:思考问题要通达。

译文 态度要恭敬,说话要合乎道理,观察要清楚明白,听取意见要聪敏,思考问题要通达。

赏读 这是箕子向周武王陈述的九种治国大法，即"洪范九畴"中的第二种，叫作"敬用五事"，即容貌、言语、观察、倾听、思考。这五个方面都属于执政者在修身及处理国事方面应注意之处，要谨慎地对待，才能有好的效果。

08

> 好学近乎知①，力行近乎仁②，知耻近乎勇③。知斯④三者，则知所以修身。

出处 《中庸》第二十章

注释 ①知（zhì）：同"智"，智慧。②力行近乎仁：因其勉力行善，就接近仁德之表现。③知耻近乎勇：因其知道羞耻，故能勤行善事，不避危难，就接近于勇敢。④斯：这些，指前面三种情况。

译文 爱好学习，接近于智；努力行善，接近于仁；知道什么是羞耻，接近于勇。懂得这三件事，就懂得了怎样去修养品德。

赏读 这是孔子答鲁哀公问政的话。智、仁、勇，孔子认为是"天下之达德也"，即天下公认的公共美德。因为"人所常行，在身为德"，故智、仁、勇三者为"天下之达德"。为什么？因为无智，便不能了解事物的道理；无仁，便不能把事情办好；无勇，便不能果断行事。所以智、仁、勇三德是人所必备的品格，这三者也是修身的基础。

09

志于道①，据②于德，依③于仁，游④于艺⑤。

出处　《论语·述而第七》

注释　①志于道：立志向道。志，慕也。

②据：固守。③依：倚靠。④游：习，练习。⑤艺：指礼、乐、射、御、书、数六艺。

译文 要立志向道，据守于德，依倚于仁，而在礼、乐、射、御、书、数这六艺之中学习。

赏读 孔子认为做人要德艺双修，做到德才兼备，全面提升个人素质，这才是修身之要。这里所说的德、仁、艺是指什么呢？所谓德，"德者得也，物得其所，谓之德"，又说"在心为德，施之为行"，均指道德之意。仁，即有仁爱之心，其表现是"博施于民而能济众"，就是要为人民大众谋福利之意。艺，指六艺，是处世及为社会服务的才干。

10 己①所不欲②，勿施③于人。

出处 《论语·颜渊第十二》

注释 ①己：自己。②所不欲：所不喜欢的。③施：加。

译文 自己所不喜欢的，就不要强加到别人身上。

赏读 "己所不欲，勿施于人"，这是孔子的一句名言。这是孔子回答他的弟子仲弓问什么为"仁"的话。孔子认为仁者要有宽恕之心，要宽以待人，要尊重人，其表现就是，自己不喜欢的就不要强加于人，因为别人也是不会喜欢的。不强加于人，这就是恕道。努力克服那种极不尊重别人人格尊严的霸气和专制作风，也是修身之道。

四书五经名句鉴赏

11

> 君子有诸己①而后求诸人②,无诸己③而后非④诸人。

出处 《大学》第十章

注释 ①有诸己:自己具备(某种美德)。诸,"之于"的合音词。己,自己。②求诸人:即求之于人,要求别人(也具备这种美德)。③无诸己:自己没有(某种恶习)。④非:非难,批评。

译文 君子首先自己具备(某种美德),然后才有资格去要求别人(也具备这种美德);自己没有(某种恶习),然后才有资格去批评别人(某种恶习)。

赏读 儒家认为,人必先治好其家,而后才能治好一国,所以自己有善行,才能要求别人也有善行;自己有仁爱、谦让的美德,

然后才能要求别人也有仁爱、谦让的美德；自己没有贪婪、腐败的恶行，然后才有资格去批判他人贪婪、腐败的恶行。总而言之，修身要先从自己做起。

12

君子贵人①而贱己②，先人而后己，则民作让③。

出处 《礼记·坊记第三十》

注释 ①贵人：尊重别人。②贱己：贬抑自己。③作让：兴起谦让之风。

译文 君子尊重别人而贬抑自己，先别人后自己，这样人们就会兴起谦让之风。

赏读 "贵人而贱己""先人而后己"，这是尊重他人的人格、尊重他人的尊严、尊重他人的权益的体现。这是一种难能可贵的品格。只有这样才能保持社会的祥和与稳定，使社会的文明上升到一个更高的层次。

13

君子之道，辟如①行远必自迩②，辟如登高必自卑③。

出处 《中庸》第十五章

注释 ①辟(pì)如：譬如。辟，同"譬"。②迩：近。③卑：低。

译文 君子(实行中庸)之道，就好像走路，一定要从眼前近的地方开始；又好像攀登高山，必从低的地方开始。

赏读 实行中庸之道，也就是修身之道，孔子认为要从眼前开始，从近处开始，从低处开始，这是有一定的顺序的。所谓从眼前、近处或低处开始，就是从自己开始，从现在开始，从自己家庭的成员做起，使自己及家庭成员个个安乐祥和。家室和顺了，乃

能和顺于外。"道不远，施诸己"，修身从自己，从家庭开始，这是儒家强调的修身之要。

14

刑①于寡妻②，至于兄弟③，以御④于家邦。

出处 《诗经·大雅·思齐》

注释 ①刑：法式，示范。②寡妻：嫡妻，即正妻。"天子之妻，嫡一，余皆妾"。③至于兄弟：（要示范）到众弟兄之间。④御：进，进一步。

译文 （个人的道德品质）要示范给他的妻子，示范到他的弟兄之间，并进而也推行到全国。

赏读 这是赞颂周文王的诗句，是说周文王能以个人的优秀品德，示范于自己的妻子，示范于众弟兄之间，并进而推行到一个国家之内。所以他的成功，也是德的教化的成功，是个人能在品德修养方面作出示范，由妻子而至于兄弟，由齐家而达到治国的目的。

15

谦谦①君子，卑②以自牧③也。

出处 《周易·上经·谦》

注释 ①谦谦：是非常谦虚之意。②卑：谦卑。③自牧：自我修养。牧，养。

译文 谦虚再谦虚，君子以谦卑之道来自我修养。

赏读 "谦"，是对自己的才能、成就不自负的谦虚态度。可骄傲而不骄傲，这才是真正的谦虚。强调谦虚并非消极的退让，而是积极的有所作为。谦虚，是君子用以自我修养之道，是为了以德服人。"谦"，在用兵战略、行政战略中也是以退为进，取得胜利的策略，这就叫"谦受益"。古云：骄兵必败，哀兵必胜，也是从反面强调谦虚的效用。

16

> 君子怀德[1]，小人怀土[2]；君子怀刑[3]，小人怀惠[4]。

出处 《论语·里仁第四》

注释 [1]怀德：关心道德。[2]怀土：关心土地财富。[3]怀刑：关心法令、制度。[4]怀惠：关心恩惠。

译文 君子关心的是德行修养（的提高），小人关心的则是土地财富（的积累）；君子关心的是国家的法令、制度（的建设），小人关心的则是（别人给他的）恩惠。

赏读 这是孔子的话。他论述君子与小人的人生志趣与追求的不同。君子追求的是存其固有之善,而小人想到的是个人发家致富,沉溺于个人享受的舒适、豪华;君子想到的是国家大事,而小人想到的只是别人给了他什么好处。这就是君子和小人的差别。

17

质①胜文②则野③,文胜质则史④,文质彬彬⑤,然后君子。

出处 《论语·雍也第六》

注释 ①质:本质、实质。②文:文采。③野:粗野、粗陋。④史:指文多质少,言其浮华。⑤文质彬彬:彬彬,文质相伴之貌,即文采与质朴相伴,文、质配合适当。后多形容人文雅有礼貌。

译文 质多胜于文(即只有朴实的内心,

而语言粗鲁、行为野蛮、仪态丑陋),则如野人般粗鄙;文多胜于质(即只有漂亮的言辞、文明的行为、儒雅的仪态,而内心不够朴实),则浮华不实,文、质配合适当,才叫君子。

赏读 这是孔子的话。孔子认为个人的朴实的内心与外在的表现(包括语言、行为、仪态),二者须配合适当。作为一个君子要使自己内在的良好的品质与外在的表现配合得当,既有内在的美德,而又能表现出文雅的风度,这才叫文质彬彬的君子。

18

子贡曰:"贫而无谄①,富而无骄,何如?"子曰:"可也②。未若③贫而乐,富而好礼者也。"

出处 《论语·学而第一》

注释 ①谄：用卑贱的态度向人讨好。②可也：可以啊（但也不怎么样）。③未若：不及，不如。

译文 子贡说："贫穷了能做到不谄媚，富贵了能做到不骄傲，怎么样？"孔子说："可以啊（但也不怎么样）。还不如贫穷而能乐天安命，富贵而能安分守礼的好。"

赏读 子贡认为一个人做到贫而无谄，富而无骄，就算是很不错的修养了。但孔子指出，这是可以的，但还不及贫而乐、富而好礼好。这就使修养达到了一个更高的境界。这说明人世间义理无穷，不能仅得其一点，便自我满足。因此，一个人不论贫富，对于自身的道德要求，都要由低到高，好中求好。

19

礼义之始①,在于正容体②,齐颜色③,顺辞令④。

出处 《礼记·冠义第四十三》

注释 ①始:生,产生。②正容体:使容体端正,指仪态得体。③齐颜色:使颜色可观,指态度端庄。④顺辞令:使言谈恭顺。

译文 礼义的产生,在于举止得体,态度端庄,言谈恭顺。

赏读 "正容体,齐颜色,顺辞令",这既是礼义的基本要求,也是人的修养的基本要求。儒家还认为,也只有这样才能"正君臣,亲父子,和长幼",使社会各个阶层的人们生活在一个既有礼节而又和谐的社会里。

20

富贵而知好礼,则不骄不淫①;贫贱而知好礼,则志不慑②。

出处 《礼记·曲礼上第一》

注释 ①淫:过度。②慑:怯、怕。

译文 富贵的人懂得爱好礼,就不会以富贵骄人,做事不会过分;贫贱的人懂得好礼,就会有志气而不会怯懦,不会迷惘。

赏读 富贵的人之所以骄奢淫逸、横行霸道,贫贱的人之所以胆怯、低声下气,是由于缺乏一颗高尚的礼义之心,而把自己的尊严人格与外界物质的多少和价值高低去进行比较,错误地认为钱多就是大爷,没钱就是孙子。而有礼义之心的人,就不会产生这样的价值观,因为他懂得尊重他人的尊严,尊重他人的人格,尊重他人的权利,也能明白自身的尊严，从而能保持自身人格的尊严。

21 君子远庖厨①。

出处 《礼记·玉藻第十三》

注释 ①庖厨：此指宰杀场所。庖，厨房。

译文 君子要远离烹宰场所。

赏读 "君子远庖厨"，意为凡烹宰有血气的东西，君子都不要亲自参与。为什么？孟子对此有一绝妙解释：他认为这是一种"仁术"，是仁者之心的表现，他说："君子之于禽兽也，见其生，不忍见其死，闻其声，不忍食其肉。是以君子远庖厨也。"

（三）慎独自省

01

见贤①思齐②焉，见不贤而内自省③也。

出处　《论语·里仁第四》

注释　①贤：贤人。②思齐：想（向贤人）看齐。③自省 (xǐng)：自我省察。省，反省。

译文　见了贤德之人就想着要向他看齐，见了不贤之人就要自我省察。

赏读　这是孔子的话。孔子勉励人要见贤思齐，见不贤而内自省，多向好的学习，多检查自己的不足。这就是儒家强调的自省功夫，是修养品德的重要一环。

02

吾日三省①吾身：为人谋②而不忠③乎?与朋友交而不信④乎?传⑤不习⑥乎?

出处 《论语·学而第一》

注释 ①三省（xǐng）：再三自我检查。三，古代文献中"三"和"九"往往不是具体的数字，而是泛指多数。省，反省。②谋：谋划、办事之意。③忠：尽己之力谓忠。④信：诚实不欺。⑤传：老师传授之业。⑥习：温习。

译文 我每天多次自我反省：替人家做事是不是尽了自己的能力?和朋友交往有没有不诚实的地方?老师传授的学业可曾用心温习?

赏读 这是曾子的有名的"吾日三省吾

身"的话。曾子是儒家学派中强调内省、修养的有力倡导者，他自己也以此严格要求自己。他告诫人们：做人不要自欺，要天天反省自己，做事要谨慎。《论语注疏》云：

"以谋贵尽忠，朋友主信，传恶（wù）穿凿，故曾子审慎之。"又郭翼《雪履斋笔记》云："曾子三省，皆指施于人者言。传，亦我传乎人。传而不习，则是以未尝躬试之事而误后学。"

03 君子必慎其独①也。

出处 《大学》第七章

注释 ①慎其独：在独自一人的时候要谨慎不苟，不要做和想不合礼义之事。独，独处。

译文 君子在独处无人的时候，一定要谨慎对待自己的行为。

赏读 这是曾子阐述"慎独"对于修身的重要性。他认为小人闲居独处时总是做坏事，并且无所不至。而一个人一旦做的坏事暴露，就要遭到社会舆论的谴责，这种谴责的程度，简直是"十目所视，十手所指"，是非常严厉的。因此，君子更应"慎其独"，在独自一人的时候，也要注意自己的行为，以免一失足成千古之恨。

04

十目①所视②，十手③所指④，其严乎⑤！

出处 《大学》第七章

注释 ①十目：十双眼睛，此指众人眼睛。②视：注视着。③十手：十只手，指众人手指。④指：指着。⑤其严乎：多么严厉可怕啊！

译文 （一个人）在众人眼睛的注视下，在众人手指指斥下，这是多么严厉可怕啊！

赏读 这是曾子的名言。他认为，个人修身，其他人也在注视着，而且不是一个人注视着、指点着，是多人的眼睛在注视着，多人的手在指点着，这是非常严厉的监视和指斥。因此，修身不可不诚其意，不要自欺欺人，弄虚作假，作秀！

05

富润屋①，德润身②，心广体胖③。故君子必诚其意。

出处 《大学》第七章

注释 ①润屋：意为装饰房屋，使房屋更加华丽。②润身：增强修养，使思想更高尚。③心广体胖（pán）：心胸宽广，体貌安详。胖，安泰舒坦之意。（注意，此处"胖"不要误读为肥胖之"胖"pàng）

译文 富能使居所华丽，德能使品德高尚。胸襟宽广，体貌就能安详。所以君子一定要使自己的意念诚实。

赏读 "富润屋"是比喻,以喻德可润身,就像人有了财富可使居室豪华起来一样,有了道德可使人品格高尚起来,光彩耀人。这样,人的心胸也会变得宽广,体貌也会安详,所以德能修身。要做到这点,必须心正、意诚,不能装腔作势,弄虚作假。

06

> 君子有九思①:视思明②,听思聪③,色④思温,貌⑤思恭,言⑥思忠,事思敬⑦,疑思问⑧,忿思难⑨,见得⑩思义。

出处 《论语·季氏第十六》

注释 ①思:思虑,考虑。②明:明白,清楚。③聪:清楚。④色:(待人的)脸色。⑤貌:(待人的)容貌、态度。⑥言:

说话。⑦敬：认真。⑧问：请教别人。⑨忿思难：发怒时要想到后患。难，灾难。⑩得：得到的，指财物、地位等。

译文 君子有九件事需要好好地想一想：观看时，想想看明白了没有；听别人说话，想想听清楚了没有；待人的脸色，想想是否温和了；待人的仪态，想想是否恭敬了；说话，想想做到忠诚没有；做事，想想是否认真；有疑问，想想如何向别人请教；发怒时，想想有无后患；得到了的财物或地位，想想是否合乎道义。

赏读 这"九思"是孔子的话。相当全面，小至视、听、色、貌、忿，大至说话、做事、研究学问、辨明义利，无所不包，均系提升个人修养、素质、能力所必需，是一个人立身处世、待人接物的要点，是人生的座右铭。

07

君子动①则思礼，行②则思义，不为利回③，不为义疚④。

出处 《春秋左传·昭公三十一年》

注释 ①动：行动。②行：办事。③不为利回：不会为贪图私利而违背道义做坏事。回，违背。④疚：对于错误感到内心痛苦。

译文 君子行动就要想着是否合乎礼的要求，办事就要想着是否合于道义；不做为图私利而违背礼义之事，不做因不合乎礼义而感到内疚的事。

赏读 一个有道德修养的人，应考虑自己的一言一行、一举一动是否都合于大众公认的礼义要求，而不要去干违反礼义之事，使自己的内心有所负疚。这就要求人们做事当三思而行，一切以礼义为准绳。

08

爱人不亲①,反其仁②;治人不治③,反其智④;礼人不答⑤,反其敬⑥。

出处 《孟子·离娄上》

注释 ①不亲:不亲近我。②反其仁:反省我之仁爱。③治人不治:我领导别人,别人不服我的领导。④反其智:反省自己的(领导)智慧。⑤礼人不答:我以礼待人,别人不以礼回敬。⑥反其敬:反省我的礼数是否诚敬合体。

译文 我爱别人,而别人却不亲近我,(就不要去责怪别人)要反省自己的仁爱之心是否有不足之处;我领导别人,别人却不服从我的领导,(就不要去责怪别人)要反省自己的领导智慧是否不够高明;我以礼貌待人,而别人却不以礼貌回敬我,(就不要去责怪别人）要反省自己的礼数是否诚敬合体。

赏读 反求诸己，这是孔孟儒学很重视的一种内省功夫，也就是我们今天常说的严于律己、自我检查、自我批评之意，这是提高个人道德素养的重要途径，是立身处世之道。故古人说："言行有不得于人，一求诸身，责己之道也。改行饬躬，福则至矣。"意为如果自己的言行得不到别人的理解与支持，就要反省自己、责备自己、自我检查。检查其不足后，改变原先的不足之处，这样在立身处世上才会有大的长进。

09

绳愆①纠谬②，格③其非心④，俾⑤克绍⑥先烈⑦。

出处 《尚书·周书·冏（jiǒng）命》

注释 ①绳愆：纠正过失。本指木料弯曲做家具而不合要求，木工便以绳墨弹正成一直线，按该直线锯下。绳，木工用的墨线，引申指标准、法则。愆，过失。②纠谬：纠正错误。谬，错误。③格：正，纠正。④非心：不合理智的谬妄之心。⑤俾：使。⑥克绍：能够继承。克，能够。绍，继承。⑦先烈：先王之功业。烈，功业。

译文 按照行为准则纠正过错，改正错误的思想，使（我）能够继承先祖伟大的事业。

赏读 周穆王任命其臣伯冏当太仆正之官的策书，史称《冏命》。这几句话是周穆王自谦自己没有好的德行，全靠左右前后的大臣匡正不到之处，纠正过错，端正不正确的思想，使他能继承先祖的功业。在此之后，对伯冏提出了要求，要求他敢于纠正君王过失，慎重选择部属，不要任用谄媚小人。

10

不患①人之不己知②，患不知人也。

出处 《论语·学而第一》

注释 ①患：担心，忧虑。②不己知：不了解自己。

译文 不要担心别人不了解自己，只怕（自己）不了解别人。

赏读 一般人担心的是别人不了解自己，而不担心自己不了解别人。但孔子在这里却提出了相反的看法：不担心别人不了解自己，担心的是自己不了解别人。为什么？人，固应严格要求自己，反求诸己，从这个角度看，"不患人之不己知"是对的。但是，如果不了解别人呢？对别人的是是、是非、是正、是邪，都分辨不清楚，那才是最危险、最应担心的！

（四）严于律己

01

> 玩①人丧德②，玩③物丧志④。

出处 《尚书·周书·旅獒(áo)》

注释 ①玩：戏弄、玩弄。②丧德：失德、缺德。③玩：指过分迷恋于所赏玩的事物。④丧志：消磨志气。

译文 以人为戏弄或赏玩的对象，就会丧失品德；过分迷恋于所玩赏的事物，就会消磨掉壮志。

赏读 丧德丧志，意思其实是一样的，不过细分，以玩人为重，故言丧德，玩物为轻，故言丧志。但无论丧德、丧志，最终是志向消磨而品格丧失。

02 不矜①细行②，终累③大德。

出处　《尚书·周书·旅獒》

注释　①矜：慎重，持重。②细行：细小的事情。③累：牵累，损害。

译文　不注意生活细节（稀稀松松，随随便便），最终会损害大的德行。

赏读　这是讲一个人要注意微小之事，要慎微。轻忽于人有害的小事小物，以为是细枝末节，甚至在生活作风上亦不加检点，这也是应该警醒的。要知道积小害可以毁大德。《周易·系辞下传》说："小人以小善为无益而弗为也，以小恶为无伤而弗去也，故恶积而不可掩，罪大而不可解。"这就把

"不矜细行，终累大德"的危害性说透了。因此，增进品德修养，要从慎微做起，而不要学所谓"名士风流大不拘"。

03 祸福无门①，唯人所召②。

出处 《春秋左传·襄公二十三年》

注释 ①门：进入之门。②召：召唤。

译文 祸或福，（对每一个人来说）并无专门进入之门，全在于人们的召唤。

赏读 祸或福，对每一个人来说，并非是命定的，上天降予的，而是靠自己的所作所为决定的。做善事则招福，做恶事则速祸。"祸福无门，唯人所召"，这就把祸福之来归因于人的行为，而不是迷信于宿命论。

04 不作无益害有益。

出处 《尚书·周书·旅獒》

译文 不要去做无益于身心之事，以免损伤有益于身心之事。

赏读 人当有所不为，而后有所为。有所不为，当指不做无益于身心之事，这样方能在品德和事业上有所成。古人说："有益身心书常读，无益家国事莫为。"也是指的这个意思。

05 士①志于道②，而耻恶衣恶食③者，未足与议④也。

出处 《论语·里仁第四》

注释 ①士：读书人。②志于道：有志于研究学问。③耻恶衣恶食：以穿破衣、食粗食为耻。恶，破陋。④与议：即"与之议"，省略了"之"，意为同他谈论。

译文 一个读书人虽然立志要研究学问，可是在生活上却以穿破旧衣服、吃粗茶淡饭为羞耻，这种人就不值得同他谈论什么了。

赏读 这是孔子的话。意思是告诫人们，要以追求大道、追求真理、研究学问为乐，如境遇不好，要固守穷困，不为贫贱所移。做学问还要耐得住寂寞，不要只想到官场的热闹和排场。一个读书人虽有志于追求大道、追求真理，而衣服饮食却又喜欢华美，以破陋为耻，这说明立志不专。孔子认为，这种人便不值得同他讨论大道和真理之事了。乐道固穷，这是儒家要求学者应持的态度，不潜下心来，在学问上是不可能有成就的。

06

天作孽①，犹可违②；自作孽，不可逭③。

出处 《尚书·商书·太甲中》

注释 ①孽：灾祸。②违：避。③逭(huàn)：逃，避。

译文 上天造成的灾祸，还可以躲过；自己造下的罪孽，却是不能躲开的。

赏读 这是商代帝王太甲的话。太甲被辅政大臣伊尹放逐到外地反省己过，三年后，太甲改过自新，伊尹接他回京城，太甲说了这样的悔过之语。

07

巧言①令色②，鲜矣仁③。

出处 《论语·学而第一》

注释 ①巧言：花言巧语，意为话好听而不实在。②令色：媚人的脸色。伪装成和善的脸色，以求悦于人。③鲜(xiǎn)矣仁：很少有仁德之心。鲜，少。

译文 花言巧语、伪装和善，（这种人）是很少有仁爱之心的。

赏读 这是孔子的话。他指出仁者必须直言正色，要诚实。仁，绝非外在的华丽，矫揉造作只能是伪善，那种巧言令色、以假面孔示人的人，是很少有仁者之心的，要注意提防。

08

> 营营①青蝇②，止于樊③。岂弟④君子，无信谗言。

出处 《诗经·小雅·青蝇》

注释 ①营营：苍蝇往来飞的声音。②青蝇：即黑头苍蝇。古人认为青蝇这种虫，"污白使黑，污黑使白，乃变乱黑白，不可近之。让其止于藩篱之上，无令在宫室之内"。③樊：藩篱，篱笆。④岂弟（kǎitì）：

同"恺悌",平易近人。

译文 讨厌的苍蝇,飞来飞去,嗡嗡作响,歇在屋外的篱笆上。平易近人的君子啊,不要听信它的谗言。

赏读 这是以苍蝇嗡嗡之声兴起,写的一首讽刺诗。刺人不要听信奸佞小人的谗言,以免搅乱国政。这种奸佞小人,没有是非标准,信口雌黄,颠倒黑白,造谣生事,挑拨离间,陷害正直的人士,给国家的政治生活造成极大的混乱。因此要警惕像苍蝇一样讨厌的谗佞小人。

09 君子周①而不比②,小人比而不周。

出处 《论语·为政第二》

注释 ①周:普遍,亦即公正无私之意。②比:依附,勾结。

译文 君子一视同仁地对待人，而不阿私，不朋比；小人则结党阿私，拉小圈子，搞小集团。

赏读 这是孔子的话。君子与小人之分，当然可以有很多的是非标准，而如何处理人际关系便是其中之一。正直的人士是讲团结，讲公正无私，并一视同仁地对待周围的人；而小人则搞分裂、拉小圈子、搞小集团，以达到结党营私的目的。这是君子、小人在待人接物上的分别。

10

攻乎异端①，斯害也已②。

出处 《论语·为政第二》

注释 ①攻乎异端：钻研异端邪说。攻，治，即治学，研究、钻研。②斯害也已：这是有害的呀！斯，这。也已，语气助词。

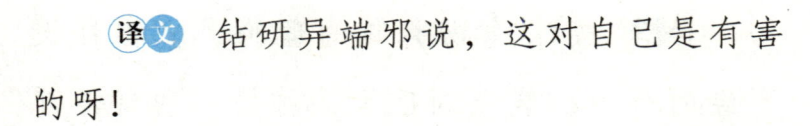

译文 钻研异端邪说，这对自己是有害的呀！

赏读 这是孔子的话。从事什么样性质的学术研究，对自己思想品德的修养有很大的影响。孔子在这里告诫人们，钻研的目标要正确，否则会给自己带来祸害。所谓异端邪说，通常是指对社会公认的正确原则加以抵制、戕毁的歪门邪说，如某些宗教组织中之极端及邪教之类。

11

素隐①行怪②，后世有述③焉，吾弗为之矣。

出处 《中庸》第十一章

注释 ①素隐：素，据《汉书》，应为"索"，索求。隐，隐僻之理。②行怪：行为怪诞。③述：传述，意为称赞。

译文 搜求隐秘奥僻的理论，做出怪诞不经的行为，能得到后世的称赞，我却不愿做这样的事。

赏读 这是孔子表明自己心迹的话。他要终身宣扬并实行中庸之道：要"遵道而行，半途而废，吾弗能已矣"。因此他决心"依乎中庸"，即使自己处隐遁之地，世不见知，也不会感到后悔。反之，如果搞点怪异的理论，做出点荒诞不经的行为，虽然可以使自己很快出名，甚至还可能受到后世的称赞，但他认为是可耻的事。

12

很①毋求胜，分②毋求多。

出处 《礼记·曲礼上第一》

注释 ①很：阋(xì)，争吵、争斗之意。《诗经》："兄弟阋于墙。"此亦指争讼。②

分：分财物。

译文 在争吵、争讼时（要谦让），不要存心取胜（于人）；在分财物时，（自己）不要多分。

赏读 小小争吵、争讼，一般人都想求胜，这里告诫人们：当引过归己，不可求胜。当然若牵涉大的原则、是非之争，则当反击，不要一味谦让。故孔子又说要"以直报怨"，即以直道回报仇怨，而不是"以德报怨"。"分毋求多"，意为既是众人之物，当均分之，不可滋长自己的贪欲以求多分，这既有损于人际关系之和谐，也对自身的道德素养造成损害。事实上求胜者未必能胜，求多者未必能多，不过徒使自己失德。

13

过而不改，是谓过[①]矣。

出处　《论语·卫灵公第十五》

注释　①过：真正的过失。

译文　有过错而不改正，那就叫真正的过错了。

赏读　这是孔子的话。他勉励人要勇于改过，否则会铸成更大的过错。《论语注疏》云："人谁无过？过而能改，善莫大焉；过而不改，是谓过矣。""过则不惮改"，这是一种很不错的思想、道德的修养，《论语》中记载子路"闻过则喜"，这是更高的思想、道德的修养。

14

人不可以无耻①，无耻之耻②，无耻矣③。

出处　《孟子·尽心上》

注释　①无耻：没有耻辱感。②无耻之

耻：没有耻辱感的那种耻辱。③无耻矣：无耻极了。

译文 做人不可以没有耻辱感，没有耻辱感的那种耻辱，真是无耻极了。（按《十三经注疏》此处又可译为：一个人不可以没有羞耻之心，知道了没有羞耻之心的可耻，那终身就不会有羞耻之事了。）

赏读 这是孟子的话。这里强调耻的重要。人应该有羞耻之心，而没有羞耻之心的人是什么坏事都干得出来的。所以孟子说："人不可以无耻。"朱熹对此阐释得很深刻，他说："耻者，吾所固有羞耻之心也，存之则进于圣贤，失之则入于禽兽，故所系甚大。"耻不仅于个人关系甚大，国之兴亡亦与此攸关。"礼义廉耻，国之四维，四维不张，国乃灭亡"。古人把耻与礼、义、廉一起列为维系国之存在的四大柱石，可见其重要性。近世有国耻纪念日之举,系勉励国人当奋发图强,以维护国家荣誉。

15

人病①舍其田而芸②人之田,所求于人者重③,而所以自任者轻④。

出处 《孟子·尽心下》

注释 ①病:患,毛病。②芸:同"耘",除草。③重:高,要求高。④轻:低,要求低。

译文 人最易犯的毛病,就是抛弃了自己田里的杂草不去铲除,而去整治别人田里的杂草,这是对别人要求高,而对自己要求低。

赏读 这是孟子的话。他强调要重视自身的道德修养,并以耘田为喻,不要犯"舍其田而芸人之田"的毛病,即放弃自身的修养，而去要求别人提高修养，对别人要求高，对自己要求低。

16 饮食男女①，人之大欲②存焉。

出处 《礼记·礼运第九》

注释 ①饮食男女：吃饭穿衣，男欢女爱。②大欲：最大的欲望。

译文 吃饭穿衣，男欢女爱，是人们存在着的最大的欲望。

赏读 儒家学说的主要内容是修己治国，不是宗教教义，更不是玄谈，是实实在在的人生哲学。所以孔子敢公开讲："食、色，性也。"儒家的经典著作《礼记》更敢说："饮食男女，人之大欲存焉。"这与恩格斯在《论权威》一文中所说，人们首先得吃饱了饭，然后才能从事政治、宗教、艺术等活动一样，都是人生的大实话。儒家公开承认"食、色""饮食男女"是人的本性，是人的最大的欲望，这实际上是把人类赖以生存发展的需要说透了。那么，这种食、色之需能否让其无限膨胀？当然不能。解决之道何在？儒家认为，人的这种欲望、美恶皆藏于心，不会露于色，因此还须用"礼义"来节制其欲望。人类除了用"礼义"，还能有其他什么办法呢？

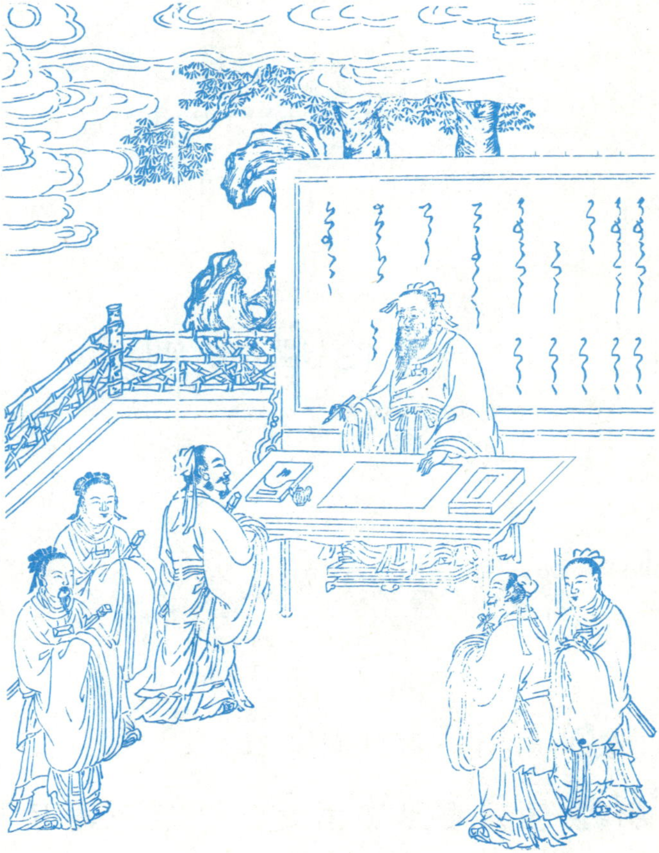

伦 理

（一）伦理准则

01

君君、臣臣、父父、子子。

出处 《论语·颜渊第十二》

译文 国君要尽为君之道，臣子要尽为臣之道。父亲要尽为父之道，儿子要尽为子之道。

赏读 "君君、臣臣、父父、子子"是孔子回答齐景公问政的话,是儒家人伦纲常的重要理论,被认为是治国的根本,并以此来维系整个社会人际关系的稳定与和谐。政者,正也。若君不失君道,以至于子不失子道,

尊卑有序，上下不失，而后国家正也，不然人际关系便混乱不堪。要注意的是，这里讲的君臣父子的关系，是指要善尽各自的责任，而不是后世说的"三纲"。孔子还说："君使臣以礼,臣事君以忠。"礼者，敬也，国君对臣子要尊重、尊敬，而不是说国君对臣子可以随意侮辱、杀戮。

02

> 君不君，臣不臣，此天下所以倾①也。

出处　《春秋穀梁传·宣公十五年》

注释　①倾：倾覆。

译文　君主不像个君主，臣子不像个臣子，这就是天下之所以倾覆的原因。

赏读　这是从一段血腥的史实中总结出来的话。当时周王室中王孙苏和召戴公及毛伯卫争夺政权，王孙苏让王子捷假借周王的名义杀了召戴公和毛伯卫，最终立了召襄。就这一段史实，《春秋穀梁传》作者穀梁子(名叔，字元始，一名赤，受《春秋》于子夏，为《春秋》作传，故称《春秋穀梁传》)认为，君主的存在在于他是唯一有发布命令权力的人。作为臣子却侵夺君主的权力而擅用，就不像个臣子；作为君主却失掉了发布命令的权力，就不像个君主。君不像君、臣不像臣，这就是周王朝之所以倾覆、衰败的原因。

03

父父、子子、兄兄、弟弟、夫夫、妇妇，而家道正①。

出处 《周易·下经·家人》

注释 ①家道正：家庭的伦理道德，就纳入了正轨。

译文 （一家人）父母、子女、兄弟、夫妇，各像各的样子，各尽各的本分和职责，则家庭的伦理道德，就纳入了正轨。

赏读 儒家认为："孝弟(悌)也者，其为仁之本与！"孝、悌是做人的根本。孝，就是孝敬父母，悌，就是兄友弟恭，指弟兄姐妹之间和睦友爱，这就是家庭内骨肉亲情之间的伦理准则。而骨肉亲情是人类所共有，是最亲切的感情。所以如能以孝悌的道德端正每一个家庭，推而广之，延伸到整个国家，"老吾老以及人之老，幼吾幼以及人之幼"，这样天下也就安定了。

04

父慈①，子孝，兄良②，弟弟③，夫义④，妇听⑤，长惠⑥，幼顺⑦，君仁⑧，臣忠，十者谓之人义⑨。

出处　《礼记·礼运第九》

注释　①慈：慈爱。②良：爱护。③弟弟(tì)：做弟弟的要敬爱(哥哥)。第二个"弟"，同"悌"，敬爱之意。④夫义：即"夫和"之意。按《十三经注疏》云："夫和即此夫义也。"⑤妇听：妇柔之意。按《十三经注疏》云："妻柔即此妇听也。"⑥长(zhǎng)惠：年长的人关爱(年幼的人)。⑦幼顺：年幼的人要顺从(年长的人)。⑧君仁：做国君的(对臣下)要有仁爱之心。⑨人义：指人之间合宜的道德、行为或道理。义，宜。

译文 做父亲的要（对子女）慈爱，做儿女的要孝敬（父母），做兄长的要爱护（弟弟），做弟弟的要敬爱（哥哥），做丈夫的（对妻子）要温和，做妻子的（对丈夫）要温顺，年长的人要关爱（年幼的人），年幼的人要听从（年长的人的）教导，做国君的（对臣下）要仁爱，做臣子的（对国君）要忠诚。这十个方面是人与人之间正确的道德行为规范。

赏读 人伦，即是人与人之间的道德行为规范。这里讲的"十义"，即十种应遵循的人际关系。先从亲者开始，渐次于疏，故一般的长幼在后，君臣处末。儒家强调血缘关系，重视亲情，以人为本，以家为本，故君臣关系放在"十义"之后。此外，也有人把朋友也作为"十义"之一，即父慈、子孝、夫和、妇顺、兄爱、弟恭、朋谊、友信、君敬、臣忠。朋友，还是五伦之一，即父子、夫妇、兄弟、朋友、君臣。

05

> 为人君，止①于仁；为人臣，止于敬；为人子，止于孝；为人父，止于慈；与国人交，止于信②。

出处　《大学》第四章

注释　①止：至，达到。②信：诚信。

译文　做国君的（对人民）要做到仁爱，做臣子的（对国君）要恭敬，做儿女的要孝顺（父母），做父母的（对子女）要慈爱，和周围的人交往要做到诚信。

赏读　《大学》第一章被学者称为"经文"。"经文"提出了治学的三个纲领：即"大学之道，在明明德，在亲民，在止于至善"。后面十章便全是诠释这三大纲领的。

所谓"止于至善",即达到善的最高境界。这里提出君仁、臣敬、子孝、父慈、与人信,做到了这些,国家、社会便充满了祥和的气氛,便达到了"至善"的境界。

06

亲亲①,尊尊②,长长③,男女之有别,人道之大者也④。

出处　《礼记·丧服小记第十五》

注释　①亲亲:亲爱亲人。前一"亲"字作动词"亲爱"讲,后一"亲"字作"亲人"讲。②尊尊:尊敬尊长,尊长指父辈祖辈。③长长:敬爱兄长及旁亲。④人道之大者也:指前文所言之事,是人间最大的道理。

译文　亲爱(自己的)亲人,尊敬长辈,敬爱(自己的)兄长及旁亲,男女有别,这些是人伦中最大的道理。

赏读 亲亲、尊尊、长长、男女有别，这是儒家强调的伦理关系，目的是建立一个尊卑有序而又亲密无间的和谐而稳定的家庭及社会。这是在以宗法氏族社会为基础的农耕时代指出的伦理关系准则。今天的社会虽有很大的发展变化，物质文明也已高度发展，但其中的一些基本伦理准则，至今还是有用的。

（二）孝为人本

01　孝弟①也者，其为仁之本②与！

出处 《论语·学而第一》

注释 ①孝弟(tì)：善事父母为孝，敬爱兄长为弟。弟，同"悌"。②本：根本。

译文 能很好地孝顺父母，敬爱兄长，这孝、悌，便是做到仁爱的根本啊！

赏读 这是孔子弟子有子的话。他教导人在道德上要从根本上用心，阐明孝顺父母、敬爱兄长是做人的根本，也是有无仁爱之心的根本。在家庭内，有了孝、悌之心，在社会上立身处世，与人相处，也有极强的亲和力，所以有子说，这是做人的根本。

02

夫孝，置之①而塞乎天地②，溥之③而横乎四海④，施诸后世⑤而无朝夕⑥。

出处 《礼记·祭义第二十四》

注释 ①置之：把孝道放置（在天地之间）。②塞乎天地：充满天地。③溥(pǔ)之：把孝道普及（于四海）。溥，普遍。④横乎四海：充溢于四海。⑤施诸后世：把孝道施行于后世。诸，"之于"的合音词。⑥无朝夕：无时无刻（不存在）。

译文 这个孝道啊，把它放置于天地之间，它就充满于天地；把它推广到四海，它就充溢四海；把它推行于后世，后世每时每刻都在推行着。

赏读 这是曾子的话。儒家不但认为孝为百善之首，是立德之基，是做人的根本，而且还进一步指出，孝也是放之四海而皆准、施之于后世而皆存的做人准则，是全人类公认的德行规范。

03

> 孝有三：大孝尊亲①，其次弗辱②，其下能养③。

出处 《礼记·祭义第二十四》

注释 ①尊亲：使父母受到（别人的）尊敬。②弗辱：不辱没（父母的）名声。③能养：能供养（父母）。

译文 孝敬的表现有三种：最大的孝敬是使父母得到（别人的）尊敬，其次是不辱没（父母的）名声，最次一等的是能供养（父母）。

赏读 这是曾子的话。孝，有两种表现形式，一是敬，一是顺。敬，就是尊重人格，珍惜名声。顺，就是顺父母之心，言语要和顺，神色要愉快，不做忤逆父母、使父母痛心的事。自己做出能使父母受到尊敬的事，这称为大孝。不辱没父母名声，即自己不做违法乱纪、作奸犯科之事，以保持家族门风的清白，这同样是孝敬。对父母只能做到赡养，保持其生活的基本需要，这只能算孝之下等。反之，不敬，不顺，何以为孝？

04 孝有三：小孝用力①，中孝用劳②，大孝不匮③。

出处 《礼记·祭义第二十四》

注释 ①用力：用体力。②用劳：用功劳。③不匮：不缺乏，即永远保持孝心。匮，缺乏。

译文 孝有三种：小孝用体力，中孝用功劳，大孝能永远保持孝心。

赏读 这是曾子的话。所谓"用力""用劳""不匮"是什么意思呢？对此，曾子作了进一步的解释。他说，思念父母的慈爱，忘记了供养父母的劳累，可以说是用力了。尊崇仁德，习惯于道义的行为，可以说是用劳了。把仁德的教化推广到整个天下，使人们都能受到仁德的熏陶，可以说是永远保持孝心而不匮乏了，这就是大孝。

05

夫孝者，善继人之志①，善述②人之事者也。

出处 《中庸》第十九章

注释 ①继人之志：继承前人的遗志。②述：完成。

译文 孝，就是能很好地继承前人的遗志，很好地完成前人未竟之业。

赏读 这是孔子的话。他指出孝就是善继前人之志，善竟前人未竟之业，能继往开来之意。这里阐述的孝的含义，已不仅仅是一般生活中的赡养和态度，而是从人生更高的层面上来立论。孔子认为周武王和周公旦就是这一类人物。周武王，周文王子，姓姬，名发。商末，嗣为西伯，商纣无道，武王率诸侯东征，败纣于牧野，武王乃有天下，尊其父为文王。周公旦，武王弟，周成王之叔父。武王崩，成王幼，周公摄政，平定管蔡及商末遗民之乱，制定礼乐，周朝政制因以大备，为后世所称道。周武王和周公旦均为周文王之子，均能继承其父之志，完成伟大的事业，这就是大孝。

06

孝子之养老也，乐其心[①]，不违其志；乐其耳目[②]，安其寝处[③]。

出处 《礼记·内则第十二》

注释 ①乐其心：使父母心中快乐。其，指父母。②乐其耳目：使父母赏心悦目。③安其寝处：使他们寝处安适。

译文 孝子养老，要使父母心中快乐，不违背他们的意志，（用好看好听的）使他们赏心悦目，父母的寝处要安排得舒适。

赏读 这是曾子讲孝子如何赡养老人的一些生活细节问题。从内心到耳目的欢悦、到寝处的安适，处处都体现了对父母的无微不至的关心爱护。如果我们把这放大了看，也体现了人与人之间的关心爱护，对父母是孝，对人则是爱。

07

> 凡为人子之礼①，冬温而夏凊②，昏定而晨省。

出处 《礼记·曲礼上第一》

注释 ①为人子之礼：指人子侍亲奉养之礼。②冬温而夏清（qìng）：（使父母）冬季温暖、夏季清凉。清，凉。③昏定而晨省（xǐng）：晚上铺床安枕，早晨问候安康。省，问安。

译文 作为子女，按照侍奉养亲之礼，要使父母冬季温暖，夏季清凉，晚上铺床安枕，早晨问候安康。

赏读 这里讲的是古时规定的子女奉养父母之礼，"冬温而夏清"，指的是一年四季；"昏定而晨省"，指的是一日之内。这虽是古代礼法之规定，今人也不必过于拘泥，事事照办，但其基本精神仍有不少可资借鉴之处。今天，我们党和政府非常重视弘扬中华孝道传统美德。近年来，各行各业积极组织、开展形式多样的弘扬孝道文化的活动，在社会上引起热烈的反响。

儒学

伦理

08

> 今之孝者，是谓能养①，至于犬马，皆能有养。不敬②，何以别乎③?

出处 《论语·为政第二》

注释 ①是谓能养：只是说能供养父母的生活就行了。②不敬：无孝敬之心。③何以别乎：供养父母与饲养狗马有什么区别？

译文 现在的所谓孝子，只是说能够赡养父母就行了，要知道就是狗、马也都能得到饲养。（如果对父母）没有孝敬之心，那供养父母与饲养狗、马有什么分别呢？

赏读 孔子强调，"孝"不能离开"敬"和"顺"，也就是人们常说的孝敬、孝顺之意。"孝"如离开了"敬"和"顺"，只体现在生活的赡养，这与饲养宠物是没有什么差别的，说不定还不如饲养宠物之精心料理。"敬"不仅是对父母，对人也同样要有尊敬之心，这是为人处世的基本道德素养。

09 哀哀①父母，生我劬劳②。

出处 《诗经·小雅·蓼莪》

注释 ①哀哀：可怜。②劬（qú）劳：劳苦，劳累。劬，劳苦。

译文 可怜的父亲、母亲啊，生我养我多么劳苦！

赏读 这是《诗经》中有名的一首怀念父母的诗。该诗写孩儿对父母的思念，思念父母对自己抚育的辛勤，但不得终养，痛何如之之情。"哀哀父母，生我劬劳"喊出了人类一种普遍的孝思之情，后世常引用之。

10

父兮生我，母兮鞠①我。拊②我畜③我，长我育我，顾④我复⑤我，出入腹⑥我。欲报之德，昊天⑦罔极⑧。

出处　《诗经·小雅·蓼莪》

注释　①鞠：抚养。②拊：抚摩。③畜(xù)：养育。④顾：来回看视。⑤复：庇护。⑥腹：怀抱。⑦昊天：苍天。昊，大。⑧罔极：无已，无止境。罔，没有。极，借为则，即准则。此言上天不体察人情，降此灾祸，使父母病逝。

译文　爹呀，是你生养了我，娘呀，是你哺育了我。抚摩我啊、爱护我，养我长大又教育我，照顾我又庇护我，出门进门抱着我。如今想报爹娘养育恩，没想老天爷降下这灾祸。

赏读 这首哭悼父母的哀歌，直抒真情，读来沉痛悲怆，凄恻动人。有人称之为"千古孝思绝作"。这一段每句有"我"，多角度、多层次、全方位地抒写了父母对"我"的关爱，催人泪下。这首诗激起了历代读者的共鸣。曹植说："《蓼莪》谁所兴？念之令人老！"唐太宗李世民生日也反复吟哦"哀哀父母，生我劬劳"之诗。对于像曹植这样的"天下文章一石（dàn，十斗等于一石），子建(曹植，字子建)独得八斗"的一代大诗人，像唐太宗这样的一代开国雄主，此诗均能产生如此巨大的心灵震撼，由此可见此诗的感染力之强。

11

从命不忿①，微谏不倦②，劳而不怨③，可谓孝矣。

出处 《礼记·坊记第三十》

注释 ①从命不忿：接受（父母）教诲之时，不可有愤恨不平的脸色。②微谏不倦：（父母有过）要和颜悦色地规劝，若不听从，也不要发气，要反复劝谏。③劳而不怨：辛勤地侍奉（父母）而不厌倦。

译文 听从（父母的）教诲，不要有不满或愤恨的表情；（父母有过）要和颜悦色地劝谏，若不听，也不要发气，要反复劝谏；侍奉（父母）劳累了，也不要埋怨。这可以说是孝了。

赏读 这是孔子的话。坊，即防，防范之意。《十三经注疏》云："此一节广明为孝之道，以坊(防)于民，民犹有忘孝之事。"古人所说的"孝顺""孝敬"，并非指一味无条件地听从父母的"愚孝"，如此处所说，父母有过仍要规劝，父母训斥得不对，也不一定听从，只不过要注意自己的态度，不要硬顶硬撞。孔子认为，只要做到了这些，也一样算是"孝"。

12

善则称亲①，过则称己②，则民作③孝。

出处 《礼记·坊记第三十》

注释 ①善则称亲：有善事要归功于父母的教诲。②过则称己：有过错要自己担当起来(不要推诿给父母)。③作：兴起。

译文 有善事要归功于父母的教诲，有过错就自己担当起来(不要推诿给父母)，这样民间就会兴起孝顺的风气。

赏读 这是孔子的话,他论述这样一个事实:当面临荣誉和过失时,人们应抱的正确态度是"善则称亲,过则称己",如此则

民作孝。对于一般人，善则称人，过则称己，则民不争；对于臣子，善则称君，过则称己，则民作忠。

13

孝子之事亲也，有三道①焉……养②则观其顺③也，丧④则观其哀⑤也，祭⑥则观其敬而时⑦也。

出处 《礼记·祭统第二十五》

注释 ①三道：三个原则。②养：父母活着时赡养。③顺：孝顺。④丧：父母去世服丧。⑤哀：悲伤。⑥祭：父母丧期结束后的祭祀。⑦时：按时。

译文 孝子侍奉父母有三个原则……父母活着赡养时，要看是否孝顺；父母去世服丧时，要看是否悲伤；丧期结束后，春秋祭祀要看是否恭敬和按时。

赏读 这里讲的是孝子侍亲之道的三个重要原则，《礼记》认为只有把这三点都做到了，做好了，才能称为孝子。孝子一词，在过去中国几千年的社会中，是一个人的美称。其实所谓生前的养、死时的丧、葬后的祭，这些都不是外来之举动，而是发自人的内心。内心有了孝思，生前自会善尽赡养之责，死时悲痛之情自会形之于外，以后每年的春秋祭祀自会"敬而时"。若无孝思，这些都谈不上。

14

长民①者，朝廷敬老②，则民作孝。

出处 《礼记·坊记第三十》

注释 ①长民者：作百姓长官的人。②敬老：尊敬老人。

译文 作百姓长官的人，在朝廷内就要尊敬老人，这样民间就会兴起孝敬的风气。

赏读 这是讲各级首脑人物,要带头尊敬老人,"老吾老以及人之老"。有了这样的带头,所谓"君子之德风,小人之德草,草上之风必偃",那么这种孝敬父母的风气,在民间自然会兴起。

节　操

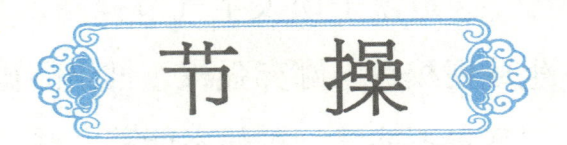

（一）人格尊严

01

富贵不能淫①，贫贱不能移②，威武不能屈③。

出处　《孟子·滕文公下》

注释　①淫：乱其心，放纵。②移：移其行，改变志向。③屈：使之屈服。

译文　富贵了，不能放纵享乐腐化；贫贱时，不能改变志向；威武加之于身，不能卑躬屈膝。

赏读 这是孟子谈人生气节操守的名言。孟子一生蔑视权贵、鄙弃强权，推崇品德高尚的人。"富贵不能淫，贫贱不能移，威武不能

屈",这崇高的道德情操、掷地有声的语言,两千多年来对中国知识分子的道德操守和行为取向产生了重大的影响,是儒学中的精髓。

02

> 三军①可夺②帅也,匹夫③不可夺志也。

出处 《论语·子罕第九》

注释 ①三军:泛指军队。古时一万二千五百人为一军,统领这支军队的人称"帅"。②夺:强取。③匹夫:指庶人,平民百姓。

译文 三军虽众,其统帅可以用强力劫夺;庶民地位虽微贱,(如其坚定不移)其志向决不会被强迫改变。

赏读 这是孔子勉励人要守志不移,要有刚毅的气节的话。孔子教人要讲谦逊,讲退让,这是指人们在待人接物的态度和行为上不可傲慢和与人逞强斗狠,这是一个人修养之必要。但是如关系重大的是非之争及关乎国家民族或公众的重大利益时,则应有"匹夫不可夺志"、守志不移、宁死不屈的刚毅精神。

03

士穷①不失义②,达③不离道④。

出处 《孟子·尽心上》

注释 ①穷:不得志,不显贵,与"达"相对。在古代,缺乏衣食钱财叫"贫";不得志,没有出路叫"穷"。但"贫""穷"连用时,也包含有今之"贫穷"的意思。②失义:丧失道义。③达:得志,显达。④离道:背弃道义,丢掉原则。

译文 士人在不得志时,不应丧失道义;得志时,不应背弃道义,丢掉原则。

赏读 "穷不失义,达不离道"是孟子的有名警句。这里强调的是人内心所固有的道义,重于身外的人世爵禄。这是中国优秀知识分子宝贵的人生价值取向。

04 穷则独善①其身,达则兼善②天下。

出处 《孟子·尽心上》

注释 ①独善:独自搞好自己的品德修养,不失其节操。②兼善:泽被苍生,使天下人都走善道。

译文 (一个读书人)在不得志时,就独自搞好自身的品德修养,不失其节操;得志时,要帮助天下的人都走善道。

赏读 这是孟子的千古名言。这里强调读书人如富贵得志，就要泽被苍生；如不得志处于困穷之境，就要独善其身，给世人做出表率，立于世间，而不失其节操。"穷则独善其身，达则兼善天下"，这对后世士大夫阶层影响很大，也是中国知识分子的优良传统。

05

> 予①唯不食②嗟来之食③，以至于斯④也。

出处 《礼记·檀弓下第四》

注释 ①予：我。②食：吃。③嗟来之食：无礼吆喝的饭。④以至于斯：才落到这地步。斯，这。

译文 我就是因为不吃这无礼吆喝的饭，才落到这个地步的。

赏读 "不食嗟来之食"是《礼记》中

记载的一个故事。春秋时期，齐国发生了大饥荒。黔敖在路边准备饭食，救济路过逃荒的饥民。有一个饿坏了的人用衣袖蒙着脸，拖拉着鞋，昏昏沉沉地走来。黔敖左手端着饭，右手端着汤，怜悯地喊道："喂!来吃吧!"那人瞪起眼看着他说："我就是因为不吃这无礼吆喝的饭，才落到这个地步的。"黔敖听了，向他道歉，他最后还是不吃，饿死了。"不食嗟来之食"，体现了一个人的崇高气节：宁肯饿死，也不食有辱人格的饭食!毛泽东主席曾撰文称赞著名作家朱自清的高尚品格："朱自清一身重病，宁可饿死，不领美国的'救济粮'。"朱自清"不食嗟来之食"，证明"我们中国人是有骨气的"。

06

不事①王侯，高尚其事②。

出处 《周易·上经·蛊》

注释 ①事：做事，侍奉。②高尚其事：把那事看得很高尚。

译文 不为王侯做事，把自己逍遥世外的行为看得至高无上。

赏读 这是《周易》蛊卦"上九"爻文文辞。按《周易》的排列，"上九"阳爻刚毅，意为刚毅的隐士，他将浮世看成过眼云烟，以自己的方式，孤傲生存，不为王侯做事。因此紧接这爻文之后的《象传》便指出："不事王侯，志可则也。"指其有自己的志向，值得效法。"不事王侯，高尚其事"，成为后世赞美不与统治者合作的隐士的话，说明人应有隐士般高尚的气节，坚持自己的原则。

07

岁寒①，然后知松柏之后凋②也。

出处 《论语·子罕第九》

注释 ①岁寒：严冬酷寒。②凋：凋谢。

译文 到了岁末寒冬时节，才知道松树、柏树(在所有草木中)最后凋谢。

赏读 这是孔子的名言。他用松柏岁寒后凋来比喻君子的节操，就像松柏一样坚贞，能经受严酷环境的考验。从而说明，也只有经过严酷的考验，才能识别真君子和真小人。

08

可以托六尺之孤①，可以寄②百里③之命④，临大节⑤而不可夺⑥也，君子人与?君子人也！

出处 《论语·泰伯第八》

注释 ①六尺之孤：指幼少之君主。②寄：托付。③百里：指大国。按周朝制度，公侯一级的封建国家，辖地方圆百里。④命：政令。⑤临大节：指国家处于危急存亡之际。⑥不可夺：不可劫夺其志。

译文 可以把辅佐幼主的重任托付给他，可以把国家的命运托付给他，遇到国家处于危急存亡的重要关头，也改变不了他原有的志向，这样的人算得上是君子吗？真可算是君子啊！

赏读 这是曾子的名言。曾子认为大臣不仅要有治国才识，更要具备忠贞不贰、临危不苟的崇高品德和坚贞节操。康有为说："昔尝编《论语》孔子诸子学案，曾子之言皆守身谨约之说，惟此章最有力，真孔子之学也。"曾子不仅讲"修身"，讲"三省吾身"等修身养性的话，也讲"临大节而不可夺也"这样铿锵有力、振奋精神的话语。这才是孔学的精髓。

09 柳下惠①不以三公②易其介③。

出处 《孟子·尽心上》

注释 ①柳下惠：春秋时鲁国人。②三公：周朝以太师、太傅、太保为三公；西汉末以大司马、大司徒、大司空为三公；东汉改大司马为太尉，与司徒、司空并称三公。古时三公指人臣中最显荣尊贵的人。③易其介：改变他的操守。

译文 柳下惠不因为拥有三公这样的高位，就改变自己的操守。

赏读 这是孟子称赞柳下惠有高尚情操的话。三公，是百官的总领，人臣的最高地位，富贵荣华之极品。但在柳下惠看来，他不会因保官保命而改变自己的节操。这才是中国优秀士大夫的风骨。

10

> 儒有可亲①而不可劫②也，可近③而不可迫④也，可杀而不可辱⑤也。

出处 《礼记·儒行第四十一》

注释 ①亲：亲近。②劫：劫夺。③近：接近。④迫：胁迫。⑤辱：侮辱。

译文 儒者，可以亲近而不可以劫夺，可以接近而不可以胁迫，可以杀掉而不可以侮辱。

赏读 这是孔子回答鲁哀公问儒者行为的话。在孔子看来，儒者的立身处世在于秉持义理，刚毅而不可夺其志。正因为儒者有正义在身，能以义相交，即使疏远之人，也必然亲近；如以不义加之于身，即使是面对强有力的人，也不会畏惧。故对儒者可亲、可近、可杀，但决不可劫夺、胁迫、侮辱。

这同样强调儒者应有坚贞不屈的气节。

11

> 儒有不宝金玉,而忠信以为宝①;不祈②土地,立义以为土地;不祈多积③,多文④以为富。

出处 《礼记·儒行第四十一》

注释 ①忠信以为宝:以忠信为宝。②祈:求,追求。③多积:积累许多财富。④文:知识。

译文 儒者不把金玉当作宝贝,而把忠信当作宝贝;不追求购置土地田产,而把义当作土地田产;不追求积累许多财富,而把多学习知识作为财富。

赏读 这也是孔子答鲁哀公儒行之问的话。孔子认为儒者怀忠信仁义以与人交往,不贪金玉利禄与人夸富;儒者以多学习知识作为自己的精神财富，而不单追求物质财富以利其身。这是讲儒者应有的高尚志向。

12

> 儒有内称①不辟②亲③，外举不辟怨④。

出处　《礼记·儒行第四十一》

注释　①称：荐举。②辟(bì)：同"避"，回避。③亲：亲属。④怨：仇怨。

译文　儒者举荐人才，能做到对内不回避亲属，对外不回避仇家怨家。

赏读　这仍是孔子答鲁哀公问儒者行为的话。儒者推荐贤人的态度应是：提拔举荐人，只看其是否有德有才，能否为国家秉公办事，而不避忌是亲属或仇家，更不希图别人报答。要做到"内称不辟亲，外举不辟怨"这两点，没有公而忘私的品质是不行的。这是讲儒者对事对人的态度，心中只存一"公"字。

13

> 儒有不陨获①于贫贱，不充诎②于富贵，不慁③君王，不累④长上，不闵⑤有司⑥，故曰儒。

出处　《礼记·儒行第四十一》

注释　①陨获：困顿失志的样子。②充诎：骄奢失节的样子。③慁(hùn)：辱。④累：牵累。⑤闵：病，忧患。⑥有司：主管某部门的官员。

译文　儒者不因贫贱而困顿失志，不因富贵而骄奢失节，不玷辱君王，不拖累长上，不给有司带来困扰，所以才叫作"儒者"。

赏读　这也是孔子答鲁哀公问儒者行为

的话。孔子指出，真正的儒家，是经得起贫贱与富贵的考验的，即"不陨获于贫贱，不充诎于富贵，不恩君王，不累长上，不闵有司"。有这样坚贞不屈的气节和担当的人，才叫作"儒者"。孔子接着还指出，现在有人自称为儒者，都是冒牌货，所以社会常轻视儒者，并拿儒者来讥刺。据载，鲁哀公听了这番话后，说："我这一生，再不敢拿儒者开玩笑了。"

14

戴①仁而行，抱②义而处，虽有暴政，不更③其所，其自立有如此者。

出处 《礼记·儒行第四十一》

注释 ①戴：按照。②抱：守，坚守。③更：改变。

译文 （儒者）按照仁来行事，以义自处，即使在暴虐的统治面前也不改变自己所信奉的仁义，儒者的立身处世就是这样。

赏读 孔子指出，儒者的立身处世，是以仁义为准则，即使在暴政面前，也不改变这行为准则。这是讲儒者的立身处世之道。

（二）舍生取义

01

志士仁人，无求生①以害仁，有杀身以成仁②。

出处 《论语·卫灵公第十五》

注释 ①求生：贪求生存。②成仁：成全仁德。

译文 志士仁人，没有贪生怕死而损害仁德的，只有牺牲生命来成全仁德的。

赏读 这是孔子很重要的一句格言，后世凝缩为成语"杀身成仁"，赞美志士仁人不以生死易其心的美德和献身精神。这句话对后世知识分子道德修养有很大的影响。康有为说："仁者近之为父母之难，远之为国君之急，大之为种族、宗教、文明之所系，小之为职守节义之所关。见危授命则成仁，隐忍偷生则仁丧……哀无大于心死，则身死次之。"这样精辟的论述，对孔子的"杀身成仁"的论点做了全面的阐释。

02

生①，亦我所欲②也，义③，亦我所欲也，二者不可得兼④，舍生而取义者也。

出处 《孟子·告子上》

注释 ①生：生命。②所欲：希望能得到的东西。③义：道义，正义。④得兼：同时得到。

译文 生命，也是我所希望得到的，正义，也是我所希望得到的，但是当二者不可能同时获得时，宁肯舍弃生命而追求正义。

赏读 这是孟子的一句很有影响力的名言。孟子在这里阐明：人生中有比生命更重要的东西，这就是"义"。故人当舍生取义，做一个真正的人，高尚的人。这里所说的义，内涵极其广泛，既可以指道义、正义，也可以指美好的理想、真理，国家、民族及人民大众的利益。"舍生取义"包含了重气节、重骨气、重名誉等高贵品质。

03　苟利①社稷②，死生以③之。

出处　《春秋左传·昭公四年》

注释　①利：有利。②社稷：指国家。社，土神；稷，谷神。③以：用，由。

译文　如果有利于国家，（个人）生死由它去吧。

赏读　这是春秋时郑国名相子产的话。他当时正制定一项叫丘赋的制度，遭到国内有权势的人的指斥、咒骂，子产便以这话回答。这个意思，近代林则徐曾写入诗中以自勉："苟利国家生死以，岂因祸福避趋之。"表达了为了国家利益不计个人生死的坚定决心，体现了公忠体国的高贵品质。我们的前总理温家宝同志，也在答记者问时引用林则徐的这句诗以自励。

04

故天将降大任[1]于是人[2]也，必先苦[3]其心志，劳[4]其筋骨，饿其体肤，空乏[5]其身，行拂乱[6]其所为，所以动心忍性[7]，曾[8]益其所不能[9]。

出处 《孟子·告子下》

注释 [1]大任：重大任务。[2]是人：这个人。是，这。[3]苦：使受苦。此指磨炼。[4]劳：使劳累。[5]空(kòng)乏：意为使贫穷。空，贫穷。乏，缺少。[6]拂乱：搅乱、干扰，使其所为多受挫折。[7]动心忍性：撼动他的心志，使他的性格更加坚韧不拔。[8]曾(zēng)：同"增"，增加。[9]所不能：不具备的能力。

译文 所以说上天要把重大的使命交给

这个人承担的时候，事前一定会使他的心志困苦，使他的筋骨劳累，使他的身体饥饿，使他遭受贫穷，搅乱他的所作所为，使之受到一些挫折，借以撼动他的心志，使他的性格更加坚韧不拔，（这一切都是为了磨炼他的意志）增加他所不具备的能力。

赏读 这是《孟子·告子》一章中的话。在节选的这些话之前，孟子首先列举了舜、傅说（商代贤相）、胶鬲（商代贤相）、管仲（春秋时齐国名相）、孙叔敖（楚国贤相）、百里奚（秦国贤相）等六个著名历史人物的事迹。他们在困穷的厄境中，坚定意志，经历磨难，为以后担当天下大任打下了坚实的基础。节选的这些话，是对所举的六人崛起后所作的结论，也是该文最精彩的部分，对后世影响很大，多被奉为座右铭。

05

君子辞①贵②不辞贱，辞富不辞贫。

出处 《礼记·坊记第三十》

注释 ①辞：推辞，拒绝。②贵：尊贵的地位。

译文 君子推辞尊荣，而不会推辞卑贱；推辞富裕，而不会推辞贫穷。

赏读 这是孔子的话。他认为君子之所以为君子，就在于品德的高尚，即当正义与富贵冲突时，可辞贵而不会辞贱，可辞富而不会辞贫，绝不会为了一己之私的富贵而置正义于不顾。故孔子又说："君子固穷，小人穷斯滥矣。""不义而富且贵，于我如浮云。"都表现出了他把追求正义与个人道德的完善作为自己的人生目标。

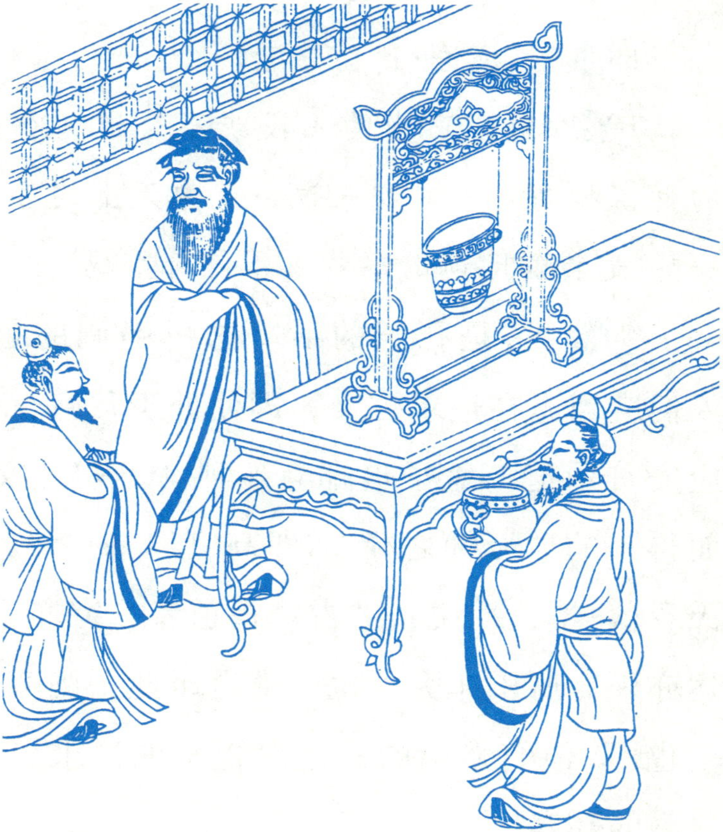

06 不义而富且贵，于我如浮云。

出处 《论语·述而第七》

译文 用不正当的手段或不合道义得来的财富和高官，对我来说，就像天上的浮云一样(是转瞬即逝的事物，不值得重视)。

赏读 这是孔子的话。这里强调的是，人们应当志在追求仁义，即使处于贫穷，也应安贫乐道。孟子也鄙弃那种"不辨礼义"而得来的"万钟之禄"(即高官厚禄)。《吕氏春秋·慎人》说："古之得道者，穷亦乐，达亦乐。所乐非穷达也，道得于此，则穷达一也。"他们强调的都是对正义的追求，对贪腐的鄙弃。

07

> 富与贵,是人之所欲①也,不以其道②得之,不处③也;贫与贱,是人之所恶④也,不以其道得之,不去⑤也。

出处 《论语·里仁第四》

注释 ①所欲:所希望得到的。②道:道义。③处:接受。④所恶(wù):所厌恶的。⑤去:抛弃。

译文 富裕和尊贵,这是人人所希望得到的,但是如果不用正当的方法获得,(君子)是不会接受的;贫穷与卑贱,这是人人都厌弃的,如果不用正当的方法摆脱它,(君子)是不会抛弃的。

赏读 这是孔子的话。这里阐明的是,人在任何时候都不应离开仁德,不以其道得富贵,则君子不会去享受不合道义的富贵;

不以其道摆脱贫贱，则君子不会去抛弃贫贱。这也是一个人追求道义时应有的修养和节操。

08

> 志士①不忘在沟壑，勇士不忘丧其元②。

出处 《孟子·滕文公下》

注释 ①志士：此指坚守正义的人。②元：首，脑袋。

译文 志士仁人（坚守正义），即使死在沟壑之中，也无遗憾；勇猛之士（见义而为），抛头颅、洒热血也在所不惜。

赏读 这是孟子转引的孔子的话。这话是孔子赞扬一个管理园林的小官，宁肯冒杀头之罪，也不去应国君不合制度规定的召见；孟子也引孔子的这句话，来赞扬一个不肯依附幸臣的马车夫，同时也表明自己决不会不顾道义去见无礼义的诸侯，并借此回答他的弟子陈代对他的批评："不见诸侯，宜若小然(太拘泥于小节了)。"为希图富贵而轻贱自己的人格尊严，孟子说，他决不会做这样的事。"士可杀而不可辱"，这就是中国优秀知识分子的风骨。

09

君子依乎中庸，遁世①不见知②而不悔。

出处　《中庸》第十一章

注释　①遁世：避开人世。②不见知：不被人了解。

译文　君子遵循中庸之至道，即使避开人世，(自己才德并茂)而不被人了解，也不后悔。

赏读 这是孔子要人们坚守中庸之至德，言行要始终依循中庸之道。意为若遭遇君主无道之时，隐遁于世，自己的才德不为人所知晓，也不会悔恨。反之，若不能依行中庸，隐遁于世，不为人知，则有悔恨之心。这既关乎一个人的德行修养，也是考验一个人有无"守道不回""死守善道"的节操的表现。

10

君子固穷①，小人穷斯滥②矣。

出处 《论语·卫灵公第十五》

注释 ①固穷：固守贫穷。②滥：放荡，为非作歹。

译文 君子处贫困境地，能坚持得住；而无德操的小人，穷困了就要胡作非为，什么坏事都干得出来。

赏读 这是孔子的名言。孔子带着门人弟子周游列国,到了陈国,恰值陈国大乱,他们与陈国君臣上下素无交往,所以断了粮,跟随的人都饿倒了,站不起来。子路很恼怒,来见孔子,说:"君子也会有穷困的时候吗?"孔子作了上述的回答。《论语》记载这一段事实,是要告诫人们:君子当固守贫穷,保持高尚的节操。

11

万钟[1]则不辨礼义[2]而受之[3],万钟于我何加焉[4]?

出处 《孟子·告子上》

注释 [1]万钟:钟,古时计算谷物的容量单位。古时官员的俸禄以谷物计算,万钟之禄,言其官高禄厚,指公卿的地位。[2]不辨礼义:不问是否符合礼义。[3]受之:接受它。之,指万钟俸禄的高官厚禄。[4]何加焉：有什么好处呢?加，益处。

译文 对别人授予的万钟俸禄的高官厚禄，不分辨、不过问是否符合礼义就接受了，(那么这不合礼义的)高官厚禄对我又有什么好处呢？

赏读 孟子认为，生命固然重要，高官厚禄也是人之大欲，但当这一切与人间正义、与一个人的人格尊严发生冲突时，就应当"舍生取义"，舍万钟之禄而维护正义，保持人格的尊严。反之，如果不辨礼义、不择手段去获得高官厚禄，孟子认为这是丧失了人的本性，也就是说失去了人的羞恶之心、是非之心，失去了人的尊严。既如此，那不合礼义、不择手段得来的高官厚禄要它做甚！

（三）清廉正直

01

> 直其正①也，方其义也②，君子敬以直内③，义以方外④。

出处　《周易·上经·坤》

注释　①直其正："直"里面包含着"正"在内。②方其义："方"里面包含着"义"在内。③君子敬以直内：君子以恭敬的态度使内心正直。内，指内心。④义以方外：以正义的准则为外在行为的规范。外，指外在行为。

译文　"直"包含着"正"，"方"包含着"义"，君子当以恭敬的态度使(自己)内心正直，以正义的准则为外在行为的规范。

赏读 这是孔子对《周易》坤卦所作的进一步阐释。孔子认为，"直"包含着"正"，但直上直下，率意而行，算不上"直"，因此，"直"还要有"正"才行。"方"包含着"义"，但只是方方正正，四平八稳，算不上"方"，因此，"方"还要有"义"才行。处事是非曲直分明，行所当行，止所当止。"敬以直内"，指"正"存于人的内心修养之中；"义以方外"，指"义"能指导人的外部行为。内外都把住了关，自己也无疑惑之处，这样做人的问题便全解决了。

02

临财毋苟得①，临难毋苟免②。

出处 《礼记·曲礼上第一》

注释 ①苟得：随意窃取。②苟免：随意逃避。

译文 在财物面前不要随意窃取(不属自己应得的部分)，在危难面前不要随意逃避。

赏读 《礼记》教人要"临财毋苟得"，意为原本不属自己应得的财物，暗中纳为己有，这会使一个人丧失掉廉洁的品质。《礼记》又教人"临难毋苟免"，意为若君、父或好友或自己有仇家谋害，面临危难，为人臣、为人子、为人友者，当挺身而出，豁出身家性命去拼搏、去拯救。反之，若畏葸不前，临难逃避，则会陷君、父或好友于危亡之境，这是很可耻的，故云"毋苟免"。孔子说"见义不为，无勇也"，如果"见义不为"，不敢挺身而出，不敢为正义而斗争，不仅会使一个人丧失掉正义感，也会使人成为懦弱无能之人，终身受人耻笑。

03

近文章①，砥厉廉隅②。虽分国如锱铢③，不臣不仕④。其规为⑤有如此者。

出处 《礼记·儒行第四十一》

注释 ①近文章：学习礼乐法度方面的文献。②砥厉廉隅：磨炼自己廉隅的品质。厉，同"砺"，砥、砺，都是磨刀石，意为磨炼。廉隅，品行方正而有节操。③虽分国如锱铢（zīzhū）：即使把国家分封给他，也只以为是锱铢小事。锱，古代重量单位，一两的四分之一。铢，古代重量单位，一两的二十四分之一。④不臣不仕：不做别人的臣下和官吏。⑤规为：规矩行为。

译文 （真正的儒者）通过学习礼乐法度方面的文献，来磨炼自己方正而有节操的品

质。(有了这方正而有节操的品质)即使把国家分封给他,(也不感到惊喜,不认为贵重)只以为是锱铢小事,也不做别人的臣下和官吏。真正儒者的规矩行为就是这样的。

赏读 这是孔子答鲁哀公问儒行的话。这里谈的是真正的儒者。通过学习文献以砥砺品德,培养方正的节操,能真正淡泊名利,不求闻达。

04

直哉①史鱼②!邦有道如矢③,邦无道如矢。

出处 《论语·卫灵公第十五》

注释 ①直哉:多么正直啊!哉,语气词,表示感叹。②史鱼:卫国大夫史鳅,字子鱼。③如矢:像箭一样的正直。

译文 史鱼这个人多么正直啊!国家政治清明时,他像箭一样正直;国家政治昏暗时,他也像箭一样正直。

赏读 这是孔子的话。当时卫灵公不用贤人蘧(Qú)伯玉,而用佞臣弥子瑕,史鱼死以尸谏,故孔子称之。孔子这里赞扬的是史鱼正直的美德。意思是无论国家处于有道或无道之时,像史鱼这样,既然为官了,就要正直无私,要以国家和公众利益为重,而不要不顾人格尊严,阿谀奉承,依附权贵。对弥子瑕其人,有这样一个故事附载于此。据《孟子》一书载,弥子瑕与孔子弟子子路是连襟。孔子率众弟子周游到卫国时,弥子瑕对子路说:"孔子如果住到我家来,就是卫国的上卿也可以做到。"子路把这话告诉了孔子。但孔子看不起弥子瑕,只说:"这是天命。"不屑于住在弥子瑕家。

05

> 董狐①,古之良史②也,书法不隐③;赵宣子④,古之良大夫⑤也,为法受恶⑥。

出处 《春秋左传·宣公二年》

注释 ①董狐:春秋时晋国史官。②良史:好的史官。③书法不隐:据法直书而不加隐讳。书,写。法,依照法度。④赵宣子:即赵盾,晋国正卿。⑤良大夫:好大夫,好官。⑥为法受恶:为了法度而蒙受恶名。

译文 董狐,是古代的好史官,据法直书而不加隐讳;赵宣子,是古代的好大夫,为了法度而蒙受恶名。

赏读 董狐,是历史上著名的秉笔直书的良史,被称为"直史"。当时晋灵公无道,被臣下赵穿杀死在桃园。赵盾受晋灵公迫害，正逃亡还没走出国境，听说这事后就回来重登卿位。史官董狐便记载"赵盾弑其君"，遍示朝臣，赵盾说："不是这样。"董狐回答

节操

说："您是正卿，回来不惩办凶手，弑君的人不是您还是谁？"赵盾没有话说，只好蒙受这个弑君的恶名。为此，孔子作了上述的评论。

06

> 太史书①曰："崔杼弑②其君。"崔子③杀之。其弟嗣书④，而死者二人⑤，其弟又书……

出处　《春秋左传·襄公二十五年》

注释　①书：记，记载。②弑：臣杀死君主或子女杀死父母叫"弑"。贬义词。③崔子：即崔杼，春秋时齐国右相。④其弟嗣书：太史的弟弟继续照样记载。⑤而死者二人：因此而被杀的是两个人。

译文　太史在史书上记载："崔杼杀死了他的国君。"崔杼便杀死了这个太史。太史的弟弟接着照样记载（"崔杼弑其君"），因此而牵连被杀的是两个人。太史的另一个弟弟又秉笔直书照样记载("崔杼弑其君")……

赏读 这是《左传》中记载的一段春秋时齐国的史实。崔杼弑君，这是铁的事实，太史官不惧淫威秉笔直书其事，惨遭杀害，这已经难能可贵，而继任者面对鲜血淋漓的屠刀，仍不屈不挠，照样直书其事，用他们的生命和浩然正气为后人传留了一段没有被歪曲的历史。这段史实还有一个更令人感佩的结尾：当太史的一个弟弟被杀，另一个弟弟又这样写后，崔杼便只好由他去了。而南史氏听说太史官都死了，不惧淫威，"执简以往"，当听到已经如实记载了，这才回去。可见，历史虽然常常被强权者篡改，但总会有勇敢者站出来，不怕杀头，说出真相。

07

> 见利思义，见危授命①，久要②不忘平生之言③，亦可以为成人④矣！

出处 《论语·宪问第十四》

注释 ①见危授命：临到危险能将生命交出。授，给予。命，生命。②久要(yāo)：长期处在穷困中。要，穷困。③平生之言：平日的诺言。④成人：品德完美的人。

译文 看见财利能想到道义，看见危难肯付出生命，长期处在穷困之中却不忘记平生的诺言，也可以算是品德完美的人了！

赏读 这是孔子回答子路问何谓"完人"的话。子路提出的完人的标准有五：知(聪明)、廉洁、勇敢、多才多艺、有修养。孔子认为，只要做到廉洁，有正义感，有操守就可以算是完人了。两者相比较，子路的完人标准，看似全面，但缺乏道德、操守的核心，孔子正是强调了这一点。

处 世

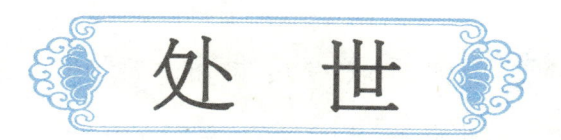

（一） 知 所 进 退

01
邦有道①，危言危行②；邦无道，危行言孙③。

出处 《论语·宪问第十四》

注释 ①邦有道：国家政治清明。邦，国家。先秦时期的邦国，常指诸侯国。②危言危行：言行正直。危，正，端正，正直。③危行言孙(xùn)：行为要正直，但说话要谨慎。孙，同"逊"，顺也，谨慎之意。

译文 国家政治清明时，言语正直，行为正直；国家政治混乱时，行为正直，但说话要小心谨慎。

赏读 这是孔子的话。他告诫人们在不同的时期，应有不同的处世之道。国家政治清明时，人的言行均要正直；而国家政治混乱时，行为仍要正直，不同流合污，但说话要谨慎小心，以免受到祸害。说话谨慎，不是害怕祸害，而是平白惹祸，于人于己无益。此时知进退存亡之机，而不失其正道，留有用之身，以匡济时变，有何不可？所以行为不可随便，但言谈更要谨慎。

02 既明①且哲②，以保其身③。

出处 《诗经·大雅·烝民》

注释 ①明：明辨是非。②哲：聪明，有智慧。③以保其身：能保住自己。

译文 既明辨是非，又聪慧过人，就能保住自己身家性命。

赏读 这是赞美仲山甫的从政德才。当时周宣王能任贤使能，仲山甫执政，使周室中兴。诗中赞扬仲山甫能内奉王命，外治诸侯，既能明晓善恶，且又辨知是非，以此明哲，择安去危，而保全其身，不有祸败。"既明且哲，以保其身"，这是从德才两个方面赞扬其有很高超的处世应变之才，后世便凝缩为"明哲保身"的成语。"明哲保身"，原指明智的人不参与可能给自己带来危险的事，善于保全自己；现多指因害怕犯错或有损自己的利益而对原则性问题不置可否的处世态度，变为了贬义词。

03

> 天地变化，草木蕃①；天地闭②，贤人隐③。

出处 《周易·上经·坤》

注释 ①天地变化：指阴阳变化，即四季变化。天地，隐指世局。②蕃：茂盛。③天地闭：天地闭塞。指天地隔绝，阴阳不通，则草木不茂盛。④隐：隐遁不出。

译文 天地交感，变生万物，则草木茂盛(贤人亦出)；天地隔绝，阴阳不通，(则草木不蕃)贤人隐遁。

赏读 古人认为人事与天道之自然现象一致，常把人世间社会问题与自然现象连在一起来加以分析。这里说贤人隐遁，意思是贤人言不出，智不发，身不现，一方面谨守其身，一方面内充其德，待时而发，如后世诸葛亮之隐于隆中，关键在一个"谨"字。当"天地闭"，处世谨慎，虽无美名令誉，但亦可无咎。这是指世道动乱时智者的处世之道。

04

沧浪①之水清兮，可以濯我缨②；沧浪之水浊③兮，可以濯我足④。

出处 《孟子·离娄上》

注释 ①沧浪：河流名，指汉水流经湖北武当一段。②濯我缨：洗我的帽子。濯，洗涤。缨，帽子左右下垂的丝带，此代指帽子。③浊：浑浊。④足：脚。

译文 沧浪河水清清啊，可以洗涤我的帽缨；沧浪河水浑浊啊，只能洗涤我的脚！

赏读 这是《孟子》中记载孔子与其弟

子的一段对话。孔子游楚，有一童子唱了一首《沧浪之水》歌谣，孔子听后，深有所悟，便说："小子听之：清斯濯缨，浊斯濯足矣。自取之也。"水清，比喻政治清明。缨在上，人之所贵，水清濯缨，则清者是人所珍惜的东西。水浊，喻政治昏暗。足在下，人之所贱，水浊濯足，则浊者是人所鄙视的东西。因此，如何处世，即濯缨、濯足，何去何从，何吉何凶，皆由自己选择。

05

彼①一时②也，此一时也。

出处　《孟子·公孙丑下》

注释　①彼：那，过去。②时：时候，情势。

译文　那是过去的情势，这是现在的情势。

赏读 "彼一时也，此一时也"是人们常说的一句熟语，其含义是当时有当时的情势，现在有现在的情势，既然情势变了，那么人们相应的对策及因应之道，就应根据变化了的情势而变化，而不能保守固执、泥古不化。

06

不在其位①，不谋②其政③。

出处 《论语·泰伯第八》

注释 ①位：位置，此指官职。②谋：参与、考虑。③政：政务、政策。

译文 不在那个官位上，就不要去过问那一个官位上的事情。

赏读 这是孔子的话。孔子教人不要侵官越权，各人专心守好自己的本职。这样做，他认为有两个原因：一是言之无用，二是远嫌避祸。这也是为官应遵守的官场规则。当然这里讲的与发扬民主，与国难当头时"天下兴亡、匹夫有责"情形不同，是不矛盾的。

07

入竟①而问禁②，入国③而问俗④，入门而问讳⑤。

出处 《礼记·曲礼上第一》

注释 ①竟：同"境"，边境之界首。②禁：指政教方面的禁忌。③国：指诸侯国之都城。④俗：风俗习惯，指一个地方的风尚、礼节、习惯等。⑤讳：忌讳之事物。

译文 每到一处地方，要先打听当地的禁忌；每至一国，要先了解该国的风俗习惯；每到一家，要先问问避讳什么。

赏读 这三个"问":"问禁""问俗""问讳",都是为了尊重他人之意。问禁,虑得罪于国君;问俗,虑得罪于民众;问讳,虑得罪于主人。尊重人,这也是处世应有之义。反之,则会处处碰壁,自触霉灰。

08

工欲善其事,必先利其器。居是邦①也,事②其大夫之贤③者,友④其士⑤之仁者。

出处 《论语·卫灵公第十五》

注释 ①邦:国,指诸侯国。②事:侍奉,此指交往。③贤:指有德者。④友:交友。⑤士:春秋战国时期介于官与民之间的一个阶层。当时的阶层有天子、诸侯、大夫、士、庶民。

译文 工匠要把活干好,必须首先使他的工具锋利合用。住在一个国家(要实行仁德),应该与该国道德素质良好的官员交往,与该国有仁德的士人做朋友。

赏读 这是孔子回答"为仁"的话。与什么人交往,这也是处世时应重视的问题,昔人云:"染于苍者苍,染于黄者黄。"所以孔子强调一个人如做了官，就应该与道德素质良好的官员交往，与有品格的读书人做朋友。意思是工匠以利器为用，人以得贤友为助，要用仁德的人的优秀品质来砥砺自己的德行。反之，如结交非人，遇祸则牵累及己，故不可不慎。

09

天地不交①，否②。君子以俭德③辟难④，不可荣以禄。

出处 《周易·上经·否》

注释 ①天地不交：天地阴阳之气不变。比喻时局不好。②否（pǐ）：天地相交叫作"泰"，天地不相交叫作"否"。后来把运气的好坏称为"泰否"。否，是闭塞不通之意。③俭德：收敛其德。俭，是约束、压在心中不显露之意。④辟（bì）难：躲避灾祸。辟，同"避"。

译文 当天地不交时,这就叫"否"。(在这种情况下)正直的人士就应当收敛自己的才华,不可追求荣华富贵。

赏读 正直之士在时局不好的情况下该怎么办?《周易》中教人应该有才不露、有德不显、有善不形,把自己隐藏起来,超然荣禄之外,不以高官厚禄为荣,反以高官厚禄为灾害,使别人发现不了自己,那么高官厚禄就不可能加到自己头上。这便是儒家的"有道则见(现),无道则隐"的处世之道。

10 用之则行①,舍之②则藏③。

出处 《论语·述而第七》

注释 ①行:行道。②舍:舍弃,不用。

③藏：藏道于身。

译文 用我，就行道于世；不用我，就藏道于身。

赏读 这是孔子对大弟子颜渊说的话，也是对颜渊的赞扬。赞扬他行于所当行，止于所当止，行止得宜，动静不失其时。处世要用智慧，而不能徒自好勇逞能。

11

> 天下有道，以道殉①身；天下无道，以身殉道②。未闻以道殉乎人③者也。

出处 《孟子·尽心上》

注释 ①殉：跟随，追随。②以身殉道：贤人就随同道义隐居起来。③人：他人，此指王侯。

译文 天下政治清明，道义就能按贤人的愿望去施行；天下政治昏暗，贤人就随同道义隐居起来。没有听说过废弃道来迎合王侯(以求得富贵)的。

赏读 这是孟子的话。他认为读书人应该坚持原则,守道不回。当天下清明,自应全力服务社会;当天下黑暗,则守道隐退,而绝不应该放弃真理和正义,屈从于他人以求个人之富贵。其主旨是讲读书人当有穷达卷舒、屈伸异变的处世之道。

12

危邦①不入,乱邦②不居③。

出处 《论语·泰伯第八》

注释 ①危邦:有危险征兆的国家。②乱邦:已经在动乱的国家。③不居:赶紧离开。

译文 不要到有危险征兆的国家去,在已经有动乱的国家就赶紧离开。

赏读 "危邦不入，乱邦不居"，其意已明，不再赘言，这也是当今国际上知所进退之通例。当今世界，凡某国有危险征兆或已动乱，一些国家的有关部门要通知公民不去某国，或动员交通工具撤侨，这便是"危邦不入，乱邦不居"的注脚。

13

贤者辟世①，其次辟地②，其次辟色③，其次辟言④。

出处 《论语·宪问第十四》

注释 ①辟（bì）世：归隐，隐退。辟，同"避"。②辟地：即危邦乱国不入。③辟色：接待你的礼貌不如从前就避开。④辟言：说话不合，就避开不再多谈了。

译文 贤德的人当政治昏暗就避开官场隐退在家；其次，遇到危邦乱国就迁到太平地方；再次，发现别人礼貌不周，脸色难看，就避开不再相见；又次，当二人说话不合，就避开不再多谈了。

赏读 这是孔子讲去就进退之道，即"避世""避地""避色""避言"。这四避之中，"辟世""辟地"是指国家处于政治昏暗之时，贤者当全身而退，枕流漱石，明哲保身，待时机到来时，以匡济时变。就像诸葛亮之隐于隆中，以退为进。"辟色""辟言"是指平时与人相处，不能预测吉凶祸福，但观其辞色若有厌己或恶言时，自当毅然离开，不要痴迷不悟，而自罹祸患。这些都是智者见机而作、察言观色、知所进退、趋吉避凶的处世之道。

14

愚而好①自用②，贱③而好自专④，生乎今之世，反⑤古之道。如此者，灾及⑥其身者也。

出处 《中庸》第二十八章

注释 ①好（hào）：喜欢。②自用：自作聪明。③贱：卑贱，指地位低。④自专：独断专行。⑤反：回复。⑥及：来到，降临。

译文 本性愚蠢的人总喜欢自作聪明，原本地位低下的人却喜欢独断专行，生长在当今的时代却想恢复古代的法规。像这样的人，灾祸会降临到他身上的。

赏读 这是孔子的话。他批评这两种人不能量事制宜，必招灾祸。一是"愚而好自用"的人，一是"贱而好自专"的人，他们沾沾自喜于一得之愚、一孔之见，不能审时度势，却又反对变革，主张复古，而不能与时俱进、量事制宜。像这样的人，不识时务、不知进退，灾祸必然会降到他身上。

15

虽鞭之长，不及①马腹。

出处 《春秋左传·宣公十五年》

注释 ①及：到。

译文 马鞭虽长，但是不能打到马肚子下面。

赏读 "虽鞭之长，不及马腹"，后世便凝缩为"鞭长莫及"的成语，比喻力量达不到。这说明凡做事，当视条件而定，要量力而行，度时制宜，既不可盲目瞎干，更不能做自己不可企及之事。

（二）尊上敬下

01 居上①不骄，为下②不倍③。

出处 《中庸》第二十七章

注释 ①居上：处在上级领导地位。②为下：居于下面被领导地位。③倍：同"背"，对抗，违抗。

译文 （思想素质好的人）处在上级领导地位，不会骄傲；居于下面被领导地位，不会悖乱。

赏读 这是子思的话。处理好"居上""为下"的角色，是处理好上下级关系的重要课题。有的人一旦大权在握,便高高在上、颐指气使、盛气凌人、不可一世,这种人鲜有不栽跟头的。有的人恃才傲物,一旦沉于下僚,便认为怀才不遇,牢骚满腹,傲上、抗上、好勇斗狠,这种人也鲜有不悖乱的。故子思教人要"居上不骄,为下不倍",各自当好自己的角色,这既是明哲保身、维持自身安全之需要,也是维持社会稳定之需要。

02

所恶①于上②,毋以使下③;所恶于下④,毋以事上⑤。

出处 《大学》第十一章

注释 ①所恶:所讨厌的。②于上:在上位的人。③使下:对待下面的人。④于下:在下位的人。⑤事上:对待上面的人。

译文 讨厌上级的某些行为,就不要拿他的行为来对待下级;讨厌下级的某些行为,就不要拿他的行为来对待上级。

赏读 "所恶于上,毋以使下;所恶于下,毋以事上"是曾子所说的"絜矩"之道,即持其所有,以待于人,恕己接物之意,也即孔子所说"己所不欲,勿施于人"。这就是恕道。无论对上、对下均应推己及人,自己所不喜欢的,就不要加之于他人。

03

获乎上①有道②,不信乎朋友③,不获乎上矣。

出处 《中庸》第二十章

注释 ①获乎上:得到上级的信任。②有道:有方法。③不信乎朋友:得不到朋友的信任。

译文 得到上级的信任是有方法的，如果得不到朋友的信任，就得不到上级的信任。

赏读 这是孔子的话。他认为下级要获得上级的信任，先必须有良好的道德行为，为朋友所称道和信任；没有良好的道德行为，不为朋友所称道和信任，在朋友之间既无良好信誉，也就不可能得到上级的信任了。总之，立身做人，无论对上、对下，对待朋友，都必须诚信在身，事方可成。

04

在上位不陵下①，在下位不援上②。

出处 《中庸》第十四章

注释 ①陵下：欺凌下级。陵，同"凌"，凌辱。凌、陵本来意义差别较大，在"登"

"乘""侵犯"等意义上则通用。②援上：攀附、巴结上级。援，攀援。

译文 处在上级的地位，不要去侮辱下级；处在下级的地位，不要去攀附、巴结上级。

赏读 这是子思的话。是说一个有道德的人，所在之处，皆能遵守正道，亦即"素富贵行乎富贵，素贫贱行乎贫贱"之意。身处富贵，依我正道之秉性，不以富贵凌人，若以富贵凌下，是不行富贵之道。这叫"素富贵行乎富贵"。身处贫贱，就应安于贫贱，不应攀援富贵之人，若攀援富贵之人，就是不行贫贱之道。这叫"素贫贱行乎贫贱"。能这样端正自身之德行而不求人，人生便无怨恨、遗憾之事。

05

> 恶①称人之恶②者,恶居下流③而讪上④者。

出处 《论语·阳货第十七》

注释 ①恶(wù):讨厌,厌恶。②恶(è):错,坏。③下流:处下位的人。④讪(shàn)上:讥讽上级。讪,讥讽。

译文 厌恶宣扬别人缺点的人,厌恶讥讽上级的下级人员。

赏读 这是孔子的话。他认为宣扬别人的缺点或在人前不负责任地散布毁谤上司的流言飞语,这都是下三滥的恶行,均非正直人士之所为。他认为对他人的缺点错误,应忠告而不是讥讽、宣扬。

06

> 为人臣下者，有谏①而无讪，有亡②而无疾③。

出处 《礼记·少仪第十七》

注释 ①谏：规劝（君主、尊长或朋友）使其改正错误。②亡：出走，离开。③疾：憎恶。

译文 作为臣下，可以当面规劝，但不得背后讥讽；可以舍君而去，但不能怨恨。

赏读 这是讲事国君及事上级之道。"有谏而无讪"的"讪"，指讥讽。国君及上司确实有过错，正确的方法应该是"谏"，即规劝，而不应到处逢人便说。荀子说："有能进言于君，用则可，不用则去，谓之谏。"《论语·阳货第十七》也说："恶居下流而讪上者。"若臣下多次规谏，国君或上

司仍不从，可以辞职出走，不必勉强留下，但用不着憎恨。

07

> 下①之事②上③也，虽有庇民④之大德，不敢有君民⑤之心。

出处 《礼记·表记第三十二》

注释 ①下：臣下，下级。②事：侍奉。③上：君上，上级。④庇民：庇护百姓。⑤君民：君临百姓。

译文 作下级或臣下的人侍奉君上或上司时，尽管有庇护百姓的大德，也不能有君临百姓的想法。

赏读 这是孔子的话。意思是说，作为下级或臣下，尽管你为百姓做了许许多多好事，政绩卓著，但不能居功骄傲，更不允许君临百姓，俨然以"救世主"自居。"不敢有君民之心"，这既是一个人仁德的体现，也是子思说的"思不出其位"之意。

08　父母有过，谏而不逆①。

出处　《礼记·祭义第二十四》

注释　①逆：触犯。

译文　父母有了过错，（做子女的）可以劝谏但不能冒犯他们。

赏读　儒家认为教育百姓的根本在行孝。孝顺之意，孝应体现在"顺"，而不应忤逆；孝敬之意，孝应体现在"敬"，而不应轻视。教敬、教顺表现在行动上叫"养"，即赡养。养可能做得到，但有敬意的养就难了；有敬意的养也许做得到，但做得自然就难了；做得自然大概能做得到，但能一生都这样就难了。孝敬、孝顺父母，对父母的过错，子女的态度是可以劝谏他们，但不能忤逆触犯他们。

09 当仁①不让②于师。

出处 《论语·卫灵公第十五》

注释 ①当仁：遇到仁德之事。②让：谦让。

译文 若遇到当行仁德之事时(就要坚决地大胆地去做)，就是老师在此，也不要谦让。

赏读 这是孔子勉励人要勇于为仁之意。尊师，是中华民族的优秀传统，也是博大精深的中华文化能历久不衰的动力之一。但尊师，不是盲目顺从。礼崇尚谦让，但若遇到需行仁德之事，则应以为己任，即使是对老师，也不必谦让。就算做得超过了老师，也是应该的。

（三）谨言慎行

01

> 言有物①而行有格②也，是以生则不可夺志③，死则不可夺名④。

出处 《礼记·缁衣第三十三》

注释 ①物：事物的验证，即根据。②格：格式、准则。③志：志向。④名：名声。

译文 说话要有根据，行为要有准则，所以活着时不会被迫改变志向，死后美好的名声也不会湮灭。

赏读 这是孔子谈言行重要的话。说话要言之有物,要有根据,不能无根据地乱说一通;行为要合乎道义,不能倒行逆施。做到了"言有物而行有格",则一个人的志向和名声都会很好,而外界要想改变其志向、湮灭其名声,都是不可能的。

02

言必虑①其所终②,而行必稽③其所敝④。

出处 《礼记·缁衣第三十三》

注释 ①虑:考虑。②终:后果。③稽:考查。④敝:弊病,弊端。

译文 说话一定要考虑到它的后果,做事一定要考查有没有弊端。

赏读 说话一定要考虑后果,是指考虑其言可不可行,行后效果是好是坏;做事一定要考查其弊端，是指考查其行为是有益还是有害，是益大还是害大，事前要权衡。这里提出两个"一定"，即"必"，是强调要谨于言而慎于行。

03 言顾行，行顾言。

出处 《中庸》第十三章

译文 说话要顾及到行为，行为要顾及到说话。

赏读 这是孔子勉励人要言行一致、言行相符的话。说话要有分寸，要考虑到所说的话与实际的行动一致，不要夸夸其谈。言过其实，这叫说大话，说假话，吹牛皮。行动也要考虑到所说的话，所许的愿，所作的承诺，使行动与所说的话保持一致，既不能不及，也不能超过所说的话、所许的愿、所作的承诺。反之，如果成为"言语的巨人，行动的矮子"，则会被人耻笑的。

03

言之所以为言①者，信②也。言而不信，何以为言？

出处 《春秋穀梁传·僖公二十一年》

注释 ①为言：成为言语。②信：守信。

译文 言语之所以成其为言语，就是因为守信。言语不能守信，又怎么算是言语呢？

赏读 这里说的是说话要讲信用。诚实、守信用，是做人的基本品质。一个人有了诚信这一基本品质，便不会说假话、说大话、说空话，这叫"诚于中，形于外"。那么怎样来识别假的、不真实的言论呢？孟子对此很有研究。他说，对于偏激片面的言辞，我知道它是被私欲蒙蔽了；对于放纵无羁的言辞，我知道他的心已沉溺于声色了；对于邪僻荒诞的言辞，我知道他已离经叛道了；对于支支吾吾、躲躲闪闪的言辞，我知道他已理屈词穷了。孟子说，这叫作"知音"，即通过其人的言谈，来辨别其人品。

05 非知之①艰，行之②惟艰。

出处 《尚书·商书·说命中》

注释 ①知之：懂得道理。②行之：付诸实行。

译文 懂得道理是并不困难的，而要付之于行动才是困难的。

赏读 这是商朝名相傅说对商高宗说的话。这里讲知易行难的道理，以勉励高宗克服困难，努力付诸实践。对知行的关系，后代哲学家有不少论述。如宋代程颐提出"先知后行"说,明代王守仁提出"知行合一""知行并进"。这两种说法都很片面。事物是复杂的,可以"先知后行",也可以"行而

后知"，当然也可以"知行合一"。但知不一定行，行也不一定知。因此，知行之间不在先后顺序或是否一致，而是既有联系，又有区别的。傅说的知易行难，便是从二者既联系又区别的特点来立论的。

06 言①人之不善②，当如后患③何？

出处　《孟子·离娄下》

注释　①言：说。②不善：不好。③后患：坏的结果。

译文　爱说别人的坏话，该知道有什么样的坏结果吧？

赏读　这是孟子告诫人言人之恶，必贻后患的道理。就常情而论，一个人有不良之行，是不喜欢别人背后议论的，报复就是必然的了。庄子说："灾人者，人必反灾之。"

就是这个道理。再说，喜好言人之恶，这也不是有修养的人应有的态度。

07

> 君子不失足①于人，不失色②于人，不失口③于人。

出处 《礼记·表记第三十二》

注释 ①失足：指失去检点，有行为不端之处。②失色：指对人的表情、态度不庄重。③失口：即失言，说了不该说的话。

译文 君子(举止庄重)不使自己行为有不检点之处；(容貌严肃)不使人对自己的仪态有轻视之处；(言语谨慎)不说不该说的话。

赏读 这是孔子教导人应注意自己的言谈举止、仪态颜色，不要有所闪失，不要有让人挑剔之处。能做到不失足、不失色、不失口，那么自己的行为就能令人敬服，容色令人敬畏，言语令人信任。

08 君子素①其位②而行③。

出处 《中庸》第十四章

注释 ①素：向来。②位：地位，处境。③行：行事。

译文 君子按照自己当时所处的地位行事。

赏读 这是子思的话。"君子素其位而行"，亦"思不出其位"之意。意为当处于富贵之时，就做富贵时应做之事，不骄不淫；当处于贫贱之时，就做贫贱时应做之事，不谄媚，不畏怯；当处于患难之时，就做患难时应做的事，临危不苟，坚守正道。

09

君子成人之美①，不成人之恶②。小人反是③。

出处 《论语·颜渊第十二》

注释 ①美：好事。②恶：坏事。③是：这。

译文 君子总是成全人家的好事，不促成人家的坏事。小人则与此相反。

赏读 孔子这两句话阐明君子和小人在对待别人的好事和坏事时的两种截然不同的心态。君子仁以待人，心地坦荡，故能成人之美，而不成人之恶；小人居心不善，嫉贤乐祸，故常成人之恶，而不成人之美。

10

君子和①而不同，小人同②而不和。

出处 《论语·子路第十三》

注释 ①和：和谐，调和。朱熹注："无乖戾之心。"②同：相一致，无分歧。朱熹注："有阿比之意。"

译文 有道德的君子与人相处，和谐协调但不盲目附和；宵小之徒与人相处，盲目附和而内心实异。

赏读 这是讲君子、小人在与人相处时，由于思想道德上的差别，因此行为方式也有所不同。君子处世，讲和谐协调，但并不表示意见一致而无分歧，所以不会盲从别人的错误意见。即君子总是保持个人特性并能与人和谐共处，但不一定保持一致，此为"君子群而不党"之义。小人处世，为了结党营私，常是随声附和，沆瀣一气，表面上求同，而内心实异。

11

君子病①无能②焉，不病人之不己知③也。

出处 《论语·卫灵公第十五》

注释 ①病：忧虑。②无能：没有能力。③不己知：不了解自己。

译文 君子只担心(自己)没有能力，不担心别人不了解自己。

赏读 孔子强调学习、研究学问是为了提高自身的能力，担心的应是自己没有真才实学，而不是担心别人了不了解自己。有了这种心境，就不会在名利场中怨天尤人，患得患失了。

12

白圭①之玷②,尚③可磨④也。斯⑤言之玷,不可为也。

出处 《诗经·大雅·抑》

注释 ①白圭:古代帝王、诸侯举行仪式时所用的玉器,上尖下方。②玷:玉石的斑点。③尚:还。④磨:磨灭。⑤斯:这。

译文 白玉上面的斑点,还可以把它磨去。话一旦出了毛病,那就不好办了。

赏读 据解,这是讽刺周厉王之诗。诗中谈到君主应做到表里如一,仪表可法,执法谨慎,说话小心,"慎尔出话,敬尔威仪"。若出言不慎,造成坏影响,就很不好办。

13 知者①不失人②，亦不失言③。

出处　《论语·卫灵公第十五》

注释　①知（zhì）者：有智慧的人。知，同"智"，智慧。②失人：失去了朋友。③失言：说了不该说的话。

译文　有智慧的人不会失去朋友，也不会说错话。

赏读　这是孔子教人与人交谈要了解人，说话要明智。他认为，可以同他交谈而不交谈，这就失去了可交往之人，失去了朋友，这叫"失人"。古人称失之交臂，犹言当面错过，就意味着失去了一个交友的好机遇。不应该同他交谈而交谈了，不该说的话说了，这便是"失言"。荀子说："礼恭，然后可与言道之方。有争气者，勿与辩也。"

就是告诫人要看清楚对象，该交谈才交谈。对谦恭有礼的人，可以与他谈论学问，如果对方只知逞强好胜，就不值得同他讨论问题。

14 君子不以①言举②人，不以人废③言。

出处 《论语·卫灵公第十五》

注释 ①以：因为，凭。②举：举用，荐举。③废：废弃。

译文 有道德的人不会因为这个人一时的话讲得漂亮，就贸然举用他；也不会因为这个人平日行为不正，就连他所说的一句很有道理的话也给抹杀了。

赏读 这是孔子教人要持心公平，用人要取其有益的一点。有言者不必有德，所以不能够仅凭几句冠冕堂皇的话，就轻率地举用提

拔，而应该察言观行，看其言行是否一致，经认真考察后，再作决定。反之，人无完人，金无足赤，因此也不可因其人之无德，而抹杀其曾有之善言。兹举一例，春秋时，鲁国的阳虎是一个权臣，孔子鄙之，但阳虎的"为富，不仁矣；为仁，不富矣"这句话说得好，孟子仍引用了它，来阐明恐为富有害于仁的论点，并未以人废言。

15

巧言①乱②德。小不忍③，则乱大谋。

出处　《论语·卫灵公第十五》

注释　①巧言：花言巧语，指搬弄是非之言。②乱：败坏。③小不忍：小事不能忍耐。

译文　(听信)搬弄是非的花言巧语，能乱了心德(丧失操守)。小事或小忿不能隐忍，就要败坏大事。

赏读 这是孔子教人要慎言忍事。有言者不必有德，故花言巧语、伶牙俐齿之徒，能败坏德义，使人丧失操守。小事、小忿要隐忍，有时甚至还须忍辱负重，而不要遇事必争，既乏豁达大度之修养，也易乱大事。

16

口惠①而实②不至，怨菑③及其身。

出处 《礼记·表记第三十二》

注释 ①口惠：口头上许诺给人好处。②实：实际。③怨菑（zāi）：怨恨。菑，同"灾"。

译文 口头上许诺给别人好处，实际上不兑现，就会让别人怨恨自己。

赏读 这是孔子教人要注意，若言不实则怨灾及其身之意。他认为，君子与其对人

负有承诺的责任，不如受不承诺的埋怨。他还引证了《诗经·卫风·氓》结尾的几句："总角之宴，言笑晏晏。信誓旦旦，不思其反。反是不思，亦已焉哉！"这里说的是一少女被一男子所诱，其后该男子见异思迁，移情别恋，抛弃了这个少女，该少女怨恨不已。孔子引证该诗说明，许诺而不兑现，便会被人所怨。

17

无稽①之言勿听，弗询②之谋③勿庸④。

出处 《尚书·虞书·大禹谟》

注释 ①无稽：毫无根据。稽，考查。②弗询：专断，不询问。询，问询。③谋：谋划，计划。④庸：用。

译文 没有根据的话，不要听信；没有征求过(有关人士)意见的计划，不要采用。

赏读 虞舜时，禹为舜陈述自己治水之功，皋陶为舜陈述治国谋略，史家记录其辞，作《大禹谟》《皋陶谟》，又作《益稷》(益稷亦是舜之大臣)，共三篇。这句话出自《大禹谟》，是说无根据之言，不征求大众意见而一人专断之计划，终必无成，所以不能听信，不能采用。

18

出乎尔①者，反②乎尔者也。

出处 《孟子·梁惠王下》

注释 ①尔：你自己。②反：返回。

译文 你怎样对待别人，别人也怎样对待你。

赏读 这是孟子与邹穆公一段很有意思的对话中的一句。当时，邹国与鲁国边境发

生械斗。邹穆公问孟子："我的地方官员死了33人，可是老百姓没有一个肯为长官效死的。对这些可恶的百姓，要杀哩，杀不尽；不杀哩，这种瞪着眼睛看长官战死而不去救助的行为，太可恨了。你说怎么办？"孟子回答说："灾荒年，您的老百姓老弱者饿死在沟边路边、青壮年四散逃荒的就有几千人，而您的粮仓里、府库里却装得满满的。地方官员却没有一个来向您汇报，对老百姓这种严重饥荒情况，还说形势大好。这些地方官员的行为，就叫作对国君怠慢、对人民残忍呀！曾子说过'你怎样对待别人，别人也怎样对待你'。人民在危难时得不到官府的救济，现在才有报复的机会。所以只要您行仁政，关爱百姓，百姓自会爱护他们的长官，而愿为之效死了。"孟子的这一席话，是是非非剖析得非常清楚，义正辞严，有极强的说服力，而且态度极其鲜明，完全站在人民一边，为百姓讨了个大大的公道。儒家的另一位大师荀子也说："民不亲不爱，而求其为己用，为己死，不可得也。"

19

群居①终日，言不及义②，好行小慧③，难矣哉！

出处 《论语·卫灵公第十五》

注释 ①群居：群处。②言不及义：说话从不涉及道义，即不说正经话。③小慧：小聪明。

译文 大伙成天聚在一起（嬉戏游玩），说话不正经，从不涉及道义，（相互间）还耍点小聪明，（这类人）很难有所作为了！

赏读 孔子强调人与人之间的言谈，最重要的是要涉及道义，不要专谈些不正经的、无聊的话题，或者卖弄点小聪明，说点俏皮话以凌辱他人而夸耀于众。这种人既然在这方面下功夫，要成就大事也就难了。

20

人之患①，在好②为人师。

出处 《孟子·离娄上》

注释 ①患：缺点、毛病。②好（hào）：喜欢。

译文 一个人最大的毛病，是喜欢当别人的老师。

赏读 孟子告诫人要谦逊，不要自以为是，特别是"好为人师"，这是最易受人诟病的。遇事指手划脚、教训别人，人人都会讨厌的。考其原因，患在于自满，自满到认为周围乃至天下已无可师之人，这实际上是无知、浅薄，是狂妄。记住：谦虚谨慎，永远是人类的美德。

21

人有不为①也，而后可以有为②。

出处　《孟子·离娄下》

注释　①不为：不做有碍作为之事。②有为：有所作为。

译文　人只有不去做有碍作为的事，然后才能有所作为。

赏读　这是孟子的话。他告诫人们要集中精力做自己该做的正事，才能有所作为。只有有所不为，才能有所为，这是懂得选择，有决断的表现。反之，如果无所不为，又怎能做到有所为？这是不懂得选择，无决断。

22

仲尼①不为已甚②者。

出处 《孟子·离娄下》

注释 ①仲尼：孔子，名丘，字仲尼。②已甚：太过分。

译文 孔子从不做太过分的事。

赏读 孔子行事，坚持中庸之道，即行事中正，既无不及，也不太过分，凡事掌握一个合乎上下限度的正确的原则。他认为过分了与达不到是一回事，都没有把握住合乎限度的正确的原则；即使是在正确的原则内，如果失去了分寸，超过了合理的限度，也同样说不上正确。列宁说得好："真理超过限度，就流于荒谬。"

23

好①人之所恶②，恶人之所好，是谓拂③人之性，灾必逮夫身④。

出处 《大学》第十章

注释 ①好（hào）：喜爱。②人之所恶（wù）：人所厌恶的。③拂：逆，违背。④逮夫身：及于身。逮，及，到。

译文 喜爱大家所厌恶的人和事，厌恶大家所喜爱的人和事，这就叫作违逆大家的心意，祸患一定会降临到他头上。

赏读 "好人之所恶，恶人之所好，是谓拂人之性"中的"人"，都是指人民大众。人民大众厌恶凶恶邪佞、强权暴政之事，现在你却喜爱这些，这叫"好人之所恶"。人民大众喜爱仁爱忠信，而你却不喜欢这些，这就叫"恶人之所好"。像这样反其道而行之，就是拂逆了人民大众好善恶（wù）恶（è）的本性，祸患必然会降临到他头上。

（四）交友贵德

01

友①也者，友②其德也。

出处　《孟子·万章下》

注释　①友：交友。②友：结交。

译文　交友啊，是结交他的好品德。

赏读　这是孟子的话。他认为交友之道，贵在结交其德。因此交友时就不应考虑对方的权势、富贵，这才是真正的交友之道。古人认为朋友是五伦(君臣、父子、兄弟、夫妇、朋友)之一，是家庭之外重要的人际关系。酒肉朋友是靠不住的。古人讲

"以友辅仁"，是说朋友是来辅助自己的仁德的。所以以天子身份友匹夫而不为屈尊，如汉光武帝刘秀之友严光，以匹夫身份友天子而不叫僭越。

02

> 益者三友①……友直②，友谅③，友多闻④，益矣。

出处 《论语·季氏第十六》

注释 ①友：朋友。②友直：结交正直的朋友。友，结友。③友谅：结交诚信的朋友。④友多闻：结交见闻广博的朋友。

译文 结交使人受益的朋友有三种……结交正直的朋友，结交有诚信的朋友，结交见识广博的朋友。这都是有益的。

赏读 这是孔子教人择友的话。与人交友，不论有损，还是有益，都与自己有莫大关系。交益友有益，交损友有害，这是非常明白的道理，故交友，自应审慎。

03

损者①三友……友便辟②，友善柔③，友便佞④，损矣。

出处 《论语·季氏第十六》

注释 ①损者：使人受到损害的。②便(pián)辟(bì)：逢迎谄媚。③善柔：当面恭维，背后毁谤。④便(pián)佞(nìng)：花言巧语。

译文 结交使人受到损害的朋友有三种……结交逢迎谄媚的朋友，结交当面恭维、背后毁谤的朋友，结交花言巧语的朋友。这都是有害的。

赏读 这也是孔子教人要慎择其友的话。交益友，相互砥砺，以辅助自己的仁德，这是有益的。但如交了"损友"，即坏朋友，对自己也是有害的，即所谓"染于苍者苍，染于黄者黄"。特别是青少年时期，人生观、世界观尚未真正形成，易受外界熏染，更应远离"损友"。在现实生活中，能做到"出污泥而不染"的，毕竟是少数。

04

主忠信①，无友②不如己者③。

出处 《论语·学而第一》

注释 ①主忠信：亲近有忠信的人。主，亲近。②友：结交朋友。③不如己者：不如自己的人。

译文 亲近有忠信的人，不要结交不如自己的人。

赏读 儒家强调忠实、诚信，因此在人际交往中也强调应与忠信之人为友，而不要与忠信不如自己的人结交。"无友不如己者"，这当然不能绝对，"不如己者"中也有可能有于己有益的东西可吸取，而且也可以用自己的良好品德帮助"不如己者"提高。

05 君子以文①会友，以友辅仁②。

出处 《论语·颜渊第十二》

注释 ①文：指诗、书、礼、乐。②辅仁：以朋友（的良好知识和品质）增进（自己的）德行。

译文 君子是以文艺和学问来结交朋友，以朋友（的良好知识和品质），来增进（自己的）德行。

赏读 这是曾子论以文会友、以友辅仁的益处。在过去两千多年里，士大夫阶层也常引用这句话，更身体力行。"以文会友"，也即今之学术交流之意。"独学而无友，则孤陋而寡闻"。所以曾子认为，君子以文章、道德会合朋友，朋友有相互切磋琢磨、相互砥砺劝勉之道，所以能提升自己的德行。康有为还进一步阐述说："人情孤独则懒惰，易观摩则奋历生。置诸众正友(正直的朋友)之中，则寡失德；置诸多闻人之中，则不寡陋。故辅仁之功，取友为大。"这个看法是很深刻的。

06

晏平仲①善与人交②，久而敬之③。

出处 《论语·公冶长第五》

注释 ①晏平仲：春秋时齐国大夫，名婴，谥平，字仲，史称晏平仲。与孔子同时，以节俭力行闻名于世，后人采其行事及谏议之言，辑为《晏子春秋》。②善与人交：善于和别人交朋友。③久而敬之：时间越久，别人越尊敬他。

译文 晏平仲这人善于同人交朋友，时间越久，别人越尊敬他。

赏读 这是孔子称赞晏子笃于交友的品德。孔子曾游历齐国，二人有过一段交往，故孔子下此断语。一般人轻率交友，这种交情是很容易断绝的，晏子则愈久而愈使人尊敬，所以称赞他善与人交。交友不仅"贵德"，还有一个善不善于交友的问题。

07

里仁①为美。择②不处仁，焉得知③？

出处 《论语·里仁第四》

注释 ①里仁：居住的地方，要有仁厚的习俗。②择：选择住处。③知（zhì）：同"智"，智者。

译文 居住的环境,要有仁厚的习俗才好。如果选择没有仁厚习俗的地区居住,怎能说他是智者呢?

赏读 这是孔子告诫人要慎重选择居处的周边环境,居必择仁,"里仁为美"之意。谚云:"远亲不如近邻。"近邻胜于远亲,逾于骨肉,可见邻里之重要。然邻居之间,即今之谓社区之间,风习之淳厚与否,于人关系甚大,故求居而不处仁者之里,不算是有智慧的人。

08

子贡①问友②。子曰:"忠告③而善道④之,不可则止,毋自辱焉。"

出处 《论语·颜渊第十二》

注释 ①子贡:春秋时卫国人。姓端木,名赐,字子贡,孔子弟子。有口才,能料事,有经济头脑，家累千金，历相鲁、卫。②问友：问交友之道。③忠告：诚心地劝告。④善道：引导向善。道，同"导"，引导。

译文 子贡（向孔子）请教交友之道。孔子回答说："（朋友如有了过错）要诚心地劝告他，并引导他向善；如果（他）不肯听从，那就算了，不要再说了，不要（惹他反感）自讨没趣。"

赏读 孔子认为，交友之道，贵在忠。忠，即忠于朋友，例如当朋友有过失，当尽心以是非告之，并引导其向善，这就是忠的表现。但朋友毕竟非骨肉之亲，告之、导之而不从己，那就止而不告不导，而不要强行告之、导之，以自取其辱。

09

道①不同，不相为谋②。

出处 《论语·卫灵公第十五》

注释 ①道：此指理想、信仰、学术、见解之意。②谋：谋划，商议。

译文 （各人的）理想、信仰、学术、见解如不相同，就不必在一起共同谋划一件事了。

赏读 这句话是说，要办好一件事，需先筹谋。若与志同道合的人共谋，那么就不会误事；若与志不同、道不合的人相与为谋，则事不成。凡事不可相强。

10 君子之接①如水②，小人之接如醴③。

出处 《礼记·表记第三十二》

注释 ①接：交，交情。②如水：如两水相合，虽淡，却能相辅相成。③如醴：如两种不同的酒相混，虽浓，却易败坏。醴，甜酒。

译文 有道德的人之间交情淡如水，宵小之徒的交情浓如酒。

赏读 这就是今天人们常说的"君子之交淡如水,小人之交浓似醴"一语的来源。这意思是说,君子相交不用矫揉造作和虚假的言辞来装饰自己,不故作姿态,如两水相合,虽淡,却能汇成江河,相辅相成。而小人之交却以虚假的言辞来遮饰自己,巧言令色,故作亲热之状,如两种醴酒相合,虽浓,但久必败坏。

11

轻绝贫贱[1]而重绝富贵[2],则好贤不坚[3]而恶恶不著[4]也。

出处 《礼记·缁衣第三十三》

注释 [1]轻绝贫贱:轻率地和贫贱的朋友绝交。绝,断交。贫贱,贫贱之交。[2]重绝富贵:郑重地和富贵之人绝交。[3]好贤不坚:好贤之心不坚定。[4]恶(wù)恶(è)不著：嫉恶之心不显明。

译文 （如果交友不以德为重）不论是轻率地和贫贱的朋友绝交，还是郑重地和富贵的朋友绝交，这都说明好贤之心不够坚定而嫉恶之心不够显明。

赏读 朋友之交，贵在德行，而不在贫富贵贱。不论因其贫贱而绝交，或因其富贵而绝交，都忘了一个"德"字。所以孔子批评这种人是"好贤不坚而恶恶不著"。这种人作此姿态实质上是志在于私利，而不在道义。

12

君子泰①而不骄②，小人骄而不泰。

出处 《论语·子路第十三》

注释 ①泰：安详、舒坦的样子。②骄：骄傲，盛气凌人。

译文 君子神态安详、舒坦，却不盛气凌人；小人盛气凌人，却不安详、舒坦。

赏读 孔子论述君子与小人由于在气质修养上不同，因而在待人接物、立身处世、交友等方面，就有不同的心态体现。为什么?君子待人、交友，不论面对的人多人少，也不论地位高低，都不会轻慢，神态镇定如常，非常舒泰。而小人则装腔作势，矜己傲物，唯恐失尊，因此常盛气凌人，就不可能神态舒泰。

13

爱①而知其恶②，憎③而知其善④。

出处 《礼记·曲礼上第一》

注释 ①爱：指与自己亲近的人。②恶(è)：不好的地方，指缺点错误。③憎：指自己嫌恶之人。④善：优点，长处。

译文 对自己所喜欢的人，也要看到他的缺点、错误；对自己所憎恶的人，也要看到他好的一面。

赏读 这是说凡与人交往，不能以一己之爱憎来评判他人的善恶、贤愚。人之常情，当喜欢一个人时，看不到他的缺点、错误；憎恨一个人时，又看不到他的优点、长处。这样来看人、交友，就不全面，而且还可能出问题。只有"爱而知其恶，憎而知其善"，才能全面准确地评判出一个人的善恶、贤愚。

（五）居安思危

01 生①于忧患，而死于安乐也。

出处　《孟子·告子下》

注释　①生：生存。

译文　在忧患中生存，在安乐中死去。

赏读　这是孟子的名言。他认为就个人来讲，历史上许多著名人物都是经历过艰难困苦的磨炼，以百折不挠的意志才成就了伟大的事业；就国家来讲，国内若无尽忠竭智的辅弼大臣，国外又无敌国外患可担心，只知安享太平，而不知危难将至，则国家常常灭亡。由此可见，忧患意识强而又能艰苦奋斗，就能得到生存和发展壮大；而贪图安逸享乐，不思进取，就会导致衰亡。这便是历史的演变法则。昔人云："风霜孤露之境，易生豪杰；醉生梦死之地，绝少英豪。"诚哉，斯言！

02

人无远虑①，必有近忧②。

出处 《论语·卫灵公第十五》

注释 ①远虑：长远的思虑。②近忧：眼前的祸患忧虑。

译文 一个人如没有长远的考虑，一定会产生近在眼前的祸患。

赏读 孔子这句话是为虑事不远者戒。他提示人们，做事一定事先要有个长远的打算，有个全盘的周详的计划；计划中要尽可能多地考虑到各种可能出现的情况及应对方略，方能预防不测，免致眼前的祸患之忧。总之，凡事"豫则立，不豫则废"，漫无计划，盲人瞎马，迟早是要吃亏的。

03

战战兢兢①，如临深渊②，如履薄冰③。

出处 《诗经·小雅·小旻(mín)》

注释 ①战战兢兢：恐惧戒慎的样子。②临深渊：到了很深的水潭边。③履薄冰：踩在河面的一层薄冰上。

译文 战战兢兢啊，好像走近深渊旁(唯恐坠下)，又好像踏在河面的薄冰上(唯恐掉落河中)。

赏读 凡做事，如看准了可行的目标，当然要勇往直前，放胆而行，但事物是复杂多变的，因此在前进过程中，也需兢兢业业，小心谨慎，以防不测。唯如此，方能立于不败之地。这几句诗，后世便凝成"临深履薄"的成语。

04

夫子之在此也，犹①燕之巢②于幕③上。

出处 《春秋左传·襄公二十九年》

注释 ①犹：好像。②巢：筑巢。③幕：覆盖在上面的帐篷。

译文 这一位在这个地方，就好像燕子把它的巢穴筑在帐篷上面（随时都有倾覆的危险）。

赏读 这是春秋时吴国贤人季札预言孙文子危险来临的话。季札出国聘问，会见了当时许多名人，并给予了他们有预见性的忠告，使他们免于祸患。如对齐国的晏子，劝其退还封邑和政权，使其免于后来栾氏、高氏发动的祸乱；对郑国的子产说，郑国执政奢侈，祸难将临，子产必然执政，嘱其执政后用礼仪来谨慎处事，否则郑国将会衰败灭亡。后从卫国到晋国，准备在卫国的边界即孙文子的封地戚邑住宿，忽然听到欢乐的钟声，他说孙文子获罪君王，不小心谨慎，还在钟鼓作乐，他的行为就像燕子筑巢于帐幕之上，随时都有倾覆的危险。于是就离开了。孙文子听说后，终身不再听音乐。

05

> 躬自厚①而薄责②于人，则远怨③矣。

出处 《论语·卫灵公第十五》

注释 ①躬自厚：责己严。躬，自身。厚，严格。②薄责：少责备。薄，少。③远怨：避免怨恨。

译文 严于自责而宽以待人，那么别人就不会怨恨你了。

赏读 这是孔子教人要严于律己，宽以待人。责己严，待人宽，这也是居安思危、避嫌远怨之道。昔人云："怨不在大，可畏惟人。"就是这个意思。

06

德薄①而位尊，知小②而谋大③，力小而任重，鲜④不及⑤矣。

出处 《周易·系辞下传》

注释 ①德薄：德行浅薄。②知(zhì)小：智商低下。知，同"智"。③谋大：图谋大事。④鲜(xiǎn)：很少。⑤不及：不及祸，不招致灾祸。

译文 德行浅薄却地位尊贵，智商低下却图谋大事，力量微弱却负担重任，(有这几种情况)就很少有不招致灾祸的。

赏读 这是孔子阐释《周易》鼎卦"九四"爻辞的话。意思是一个人的地位要与自己德行相当，计谋要与自己智慧相称，任务要与自己力量相等，三者均要名副其实，方能安身立命。反之，若德薄而居高位，智小而图大事，力微而当重任，这是危险之兆，很少有不招致灾祸的。若有此三种情况，当虑及其后果，并临深履薄、小心谨慎以待。

07

君子见几①而作②，不俟终日③。

出处 《周易·系辞下传》

注释 ①几(jī)：隐微的迹象，事情的苗头或预兆。②作：行动。③不俟终日：不会整天迟疑等待。俟，等待。

译文 君子看出了(事物发展变化中)那种

隐微的苗头，就能迅速因应，果断行动，不会整天迟疑等待。

赏读 这是孔子解释《周易》豫卦"六二"爻辞含义的话。凡是事之方萌,未来发展的趋势是吉是凶,于此已可见端倪之时,要毫不犹豫地采取相应的果断措施,使之朝着有利于吉的方向发展,以便转危为安。这也是见微知著、居安思危应有之义。(注:《周易》中所说的"见几而作"与后之成语"见机而作"的含义,是不同的。)

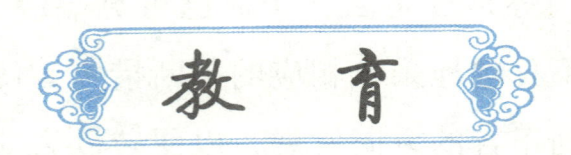

教 育

（一）立教兴邦

01

建国君民①，教学为先②。

出处 《礼记·学记第十八》

注释 ①建国君民：建立邦国，君临百姓。君，君临。②教学为先：以立教立学为先务。

译文 建立邦国，君临百姓，以立教立学为首要的任务。

赏读 我国是全世界最早摆脱野蛮、进入文明的国家，究其原因，在于重视教育。约两千五百年前的《礼记》上就这样记载：上古时王者建国，君临百姓，首先在宫内设师、保以教育王子皇孙，宫外则设庠序(即学校)以教育百姓。而且早在三千五百年前的《尚书·商书·说命下》也这样记载："念终始典于学。"意思是自始至终都要想着学习。可见育才兴邦，教学为先，这是我国的优良传统。重视教育，把教育列为国家的首要任务，就是在今天，也是使一个国家进入更高层次的文明境界的重要举措。

02

化民①易俗②，近者悦服而远者怀③之，此大学之道④也。

出处 《礼记·学记第十八》

注释 ①化民：教化百姓。化，教化。②易俗：改变野蛮陋习。③怀：归附。④大学之道：太学教人之道。大学，即太学，古时国家设立的培养行政官员的最高学府。

译文 教化百姓，改变粗野的陋习，让附近的人心悦诚服，而远方的人都来归附，这就是太学的教育目标。

赏读 我国以国家的名义设立太学这样的最高学府以培养高层次的管理人才，据史籍记载，从殷商以迄于清末，已有三千多年历史。而太学的教育目标就在于教育太学生——未来的行政官员，将来能"化民易

俗"，使"近者悦服而远者怀之"。

看来，我国古代设立太学的目的，只是单纯为了培养政府官员，以便对国家进行有效的管理，至于像近现代以培养多方面人才为目标的大学，则阙如。古代太学的培养目标仅仅是政府官员，这是我国古代科技相对落后的一个重要原因。直到19世纪末，由于痛感科技落后所带来的屈辱，我国才废太学（明清称国子监），兴学堂，办起了近现代意义上的学校，在培养目标上才有了根本的改变。

03

君子①如欲化民成俗②，其必由学③乎！

出处　《礼记·学记第十八》

注释　①君子：指在上位的人。②化民

成俗：教化百姓，养成良好的风俗。③其必由学：必须从教育入手。

译文 在上位的人如果想教化百姓，养成良好的风俗，就必须从教育入手呢！

赏读 "化民成俗"是国家立教立学的目的。百姓通过学习，博识多闻，知古知今，自身有了良好的教养，可给其他人作出榜样，从而造成良好的社会风气。从这里看，我国古代教育的目的首在"化民"，即重在德行，而于才、艺、技等方面的重视却有所不足。这便是我国较之西欧各国虽很早便进入文明社会，但却长期徘徊不前，尤其是近代科技落伍的一个很重要的原因。看来教育目的、手段是否正确全面，实关国运之盛衰。

04

> 谨①庠序之教②,申③之以孝悌④之义,颁白者⑤不负戴⑥于道路⑦矣。

出处 《孟子·梁惠王上》

注释 ①谨:谨慎,认真。②庠(xiáng)序之教:指学校教育。庠与序,皆古学校名称。教,教育。③申:强调。④悌(tì):敬爱兄长。⑤颁白者:头发斑白的老人。颁,同"斑"。⑥负戴:肩挑背扛。⑦道路:路上行走。

译文 认真做好学校的教育工作,反复强调孝顺父母、兄弟友爱的意义,头发斑白的老人们就不用肩挑背扛货物(辛劳地奔走)于道路了。

赏读 这是孟子对梁惠王讲的一番治国大道中的一句话。从孟子这句话看,古时学校教育的一个目的，仍重在德育，即此处讲的"孝悌"之义。儒家学说的重点在修身、齐家、治国、平天下，因此道德教育是他们最强调的。孔孟认为孝悌是做人的根本，是一切道德的基础。"其为人也孝弟，而好犯上者，鲜矣！"因此，孝悌既是齐家，使家庭和乐，也是治国，使国家太平的根本所在。而要使人保有孝悌之心，就必须通过学校教育来完成。道德教育，是古时学校教育的重点所在。

02

爱子①，教之以义方②，弗纳于邪③。

出处 《春秋左传·隐公三年》

注释 ①爱子：爱自己的儿子。②教之以义方：以道义教导他。③弗纳于邪：不要走上邪路。

译文 爱护自己的儿子，就应当从道义上去教导他，(使他)不要走上邪路。

赏读 这是春秋时卫国大臣石碏（què）对卫庄公说的话。当时公子州吁（yù）受到庄公宠爱，而州吁喜武且又骄横无礼、违法放荡，石碏便劝谏庄公说了上面一段话，并指出过分宠爱州吁会招致祸患的到来。庄公不听。后公子州吁果然杀了卫桓公而自立为国君，对内暴虐百姓，对外挑起战祸。石碏后来借陈国人的力量，将州吁及跟随州吁干坏事的自己的亲生儿子石厚杀死，消除了祸患。史书上称石碏为"大义灭亲"。这个故事说明，家庭教育要重视德行的教育，不可放纵溺爱。

06

> 立爱①自亲始②，教民睦③也；立教④自长始⑤，教民顺⑥也。

出处 《礼记·祭义第二十四》

注释 ①立爱：培植仁爱的风气。②自亲始：先爱自己的亲人。③睦：和睦。④立教：一本作"立敬"。意为培植尊重人的风气。⑤自长始：先尊敬年长的人。⑥顺：和顺。

译文 培植仁爱的风气，从爱自己的亲人开始，这是教百姓和睦；培植尊重人的风气，从尊敬年长的人开始，这是教百姓和顺。

赏读 这是孔子教人要懂得爱、敬之道的话。教育，不仅是学校的，也应该是家庭的。古人很重视家庭教育，更强调在上位的人，即高层统治者的家庭教育。孔孟认为高层统治者家庭成员道德素质的高下，对全国人民有很大的导向作用，"君子之德风，小人之德草，草上之风必偃(倒下)"。所以"君正则国正"，国君言行正派，天下百姓就自然正派了。

07 恭俭庄敬①，《礼》教也②。

出处 《礼记·经解第二十六》

注释 ①恭俭庄敬：恭顺节俭，端庄谨慎。②《礼》教也：这是学习《礼记》后的结果。

译文 恭顺节俭，端庄谨慎，这是学习《礼记》后产生的效果。

赏读 对人的教育，不仅有各级专门的学校教育，有家庭教育，也有社会上文化艺术的熏陶感染对人的教育。孔子认为，六经对人的教化作用是显而易见的，到一个国家即可看到这种教化的结果。他说如果人们言辞温柔、性情忠厚，这是《诗》教的结

果；通达政事、了解历史，这是《书》教的结果；宽广博大、平易良善，这是《乐》教的结果；圣洁平和、明察隐微，这是《易》教的结果；恭顺节俭、端庄谨慎，这是《礼》教的结果；撰写文章、借鉴历史，这是《春秋》教的结果。可见教育既是有序的阶梯式的，也是全方位网络式的。

（二）教育机制

01

古之教者，家有塾①，党有庠②，术有序③，国有学④。

出处 《礼记·学记第十八》

注释 ①塾：古时私人设立的教学的地方，如家塾、私塾。②党有庠（xiáng）：乡里中有庠。党，乡党，五百家为党，居民单位。庠，学校名。③术有序：遂中有序。术，应为"遂"，原文作"术"，误。遂，行政单位，周礼，一万二千五百家为遂。序，学校名。④国有学：天子京城及诸侯国都所设的学校，亦称太学。

译文 古时教学，家有私塾，乡觉中有乡校，遂中有序，国都有太学。

赏读 古时不再做官的人回家教书，其门侧之堂就叫塾，教师就称塾师，教学之处称私塾。乡党中五百家设庠，即乡校，招收私塾中升上来的学生。遂(相当秦汉以后的府县)中设序，相当后世的郡学或书院，招收乡校所升的学生。天子京城及诸侯国都设太学，以教王子皇孙、世子及乡党中选升的士人。

这就是周以前我国古代教育体制的概况。后世虽有变革，但其教育体制亦仿此。

02

> 一年视离经辨志①，三年视敬业乐群②，五年视博习亲师③，七年视论学取友④，谓之小成⑤。九年知类通达⑥，强立而不反⑦，谓之大成⑧。

出处　《礼记·学记第十八》

注释　①一年视离经辨志：入学一年后，考查学生经文的句读，辨别志向的邪正。②三年视敬业乐群：三年之后考查是否专心学业，乐于群处。③五年视博习亲师：五年后考查是否广博学习，亲近师长。④七年视论学取友：七年后考查学术上的见解，及对朋友的选择。⑤小成：小有成就。⑥九年知类通达：九年后能举一反三，触类旁通。⑦强立而不反：卓然自立，临事不惑。⑧大成：大有成就。

译文 入学一年后，考查经文的句读，辨别志向的邪正。三年之后，考查是否专心学业，乐于群处。五年后，考查是否广博学习，亲近师长。七年后，考查学术上的见解，对朋友的选择，这叫作小成。九年后，能举一反三，触类旁通，卓然自立，临事不惑，就叫作大成。

赏读 这里详细记载了我国古代九年学制中分阶段提出的教学目标考核。古时入学，一般是八岁，学九年，便是十七岁。通过九年的学习，能达到触类旁通、临事不惑的目标，就叫作"大成"。这种学制及教学要求与后世学校亦大体相同。当然，后世的学校教学内容和目标要求随着时代的演变而进步，已发生了根本的变化。

03 有教①无类②。

出处 《论语·卫灵公第十五》

注释 ①教：教育。②类：类别。

译文 受教育没有什么类别。

赏读 "有教无类"，是孔子倡导的教育原则，也是人类教育史上的创新和改革，实开近代教育倡导的平民教育之先河。这种教育机会均等的培养人才的教育原则，打破了富贵阶层垄断和把持教育的局面。孔子的学生中，既有大富大贵的人，如子贡，也有极其贫穷的人，如颜渊。孔子是我国第一个提倡并实施平民教育的人。孔子施行的"有教无类"，是具有重大历史意义的事。

04

自行①束脩②以上，吾未尝无诲③焉。

出处 《论语·述而第七》

注释 ①自行：自愿。②束脩：送给教师的报酬即一捆干肉。脩，干肉。③诲：教诲。

译文 自愿送给我极微薄的礼品，如一捆干肉(就可以来我这里学习了)，我从没有(因学费太少而)不教诲的。

赏读 孔子招收学生的原则，是"有教无类"，来者不拒，而且学费也不高，学生只需交一捆干肉(束脩)，就可以报名入学读书。加上他学问好，名气大，所以各个阶层的、贫富贵贱的学生都有。如子贡家境就相当富裕，经常高车驷马，交通王侯；而颜渊则非常贫穷,"一箪食,一瓢饮,在陋巷,人不堪其忧"。而这些贫富相差极其悬殊的学生,在孔子这里,无歧视,无差别,人格上都是平等的。颜渊是孔子的大弟子,由于品学兼优深受孔子的器重和同学的尊敬。孔子还将其视为"传人",可惜颜渊在41岁时便英年早逝,孔子还哭着喊:"天丧予!天丧予!"后世尊颜渊为"复圣"。几千年前,在等级森严的社会中,孔子的私塾教育达到这种境界,是很了不起的。

05

教三行[①]：一曰孝行,以亲父母[②];二曰友行,以尊贤良[③];三曰顺行,以事师长[④]。

出处　《周礼·地官司徒第二·师氏》

注释 ①三行：三种行为。②亲父母：亲爱父母。③尊贤良：尊敬贤良的人。④事师长：尊事师长。

译文 教导他们三种行为：第一是孝行，以亲爱父母；第二是友行，以尊敬贤良；第三是顺行，以尊事师长。

赏读 "师氏"为周代教民的官，主要教德行。这是《周礼》中记载师氏要以"三德"（至德、敏德、孝德）及"三行"（孝行、友行、顺行）来教导世子及公卿、大夫、士的子弟。就德行而言，古人认为在心为德，施之为行。凡公卿、大夫、士的子弟未出来做官的，都要在师氏这里接受教育。教育内容有祭祀（古人认为是件大事）、会同（诸侯之间的会见礼仪）、礼宾、丧祭、军旅等。

06

养国子以道，乃教之六艺①。

出处　《周礼·地官司徒第二·保氏》

注释　①六艺：即礼、乐、射、御、书、数。

译文　(保氏以道和艺)教养王子、世子、公、卿、大夫、士的子弟，教给他们六艺方面的知识和技能。

赏读　"师氏"主要教德行，而"保氏"则专教六艺。师氏担任告王以善道的职责，保氏担任国君有恶行则劝谏的职责。后世设置的太师、太保等一类官职盖本于此。六艺中，礼，指吉礼、凶礼、宾礼、军礼、嘉礼等；乐，即五音六乐；射，各种射箭技巧；御，指各种驾驭车马用以作战及狩猎的技巧；书，指六书，古代分析文字的理论，即造字法的象形、指事、会意、形声、转注、假借；数，指算术，数学知识。

07

教六诗①：曰风②，曰赋③，曰比④，曰兴⑤，曰雅⑥，曰颂⑦。

出处　《周礼·春官宗伯第三·大师》

注释　①六诗：即风、雅、颂、赋、比、兴。赋、比、兴，是诗歌的修辞手法；风、雅、颂，是内容及用途不同的诗歌乐章。总称"六诗"或"六义"。②风：《诗经》中之《国风》，即各诸侯国之歌谣，是民间诗歌。风者，讽也，有讽谏之意。③赋：诗歌的表现手法，铺陈其事。④比：诗歌的表现手法，以比喻、类推的方式来咏一事。⑤兴：诗歌的表现手法，以他物起兴，叙要说的事，盖感物而发者。⑥雅：即《诗经》中之《大雅》《小雅》诗，是朝廷的诗歌。雅的本义是正，言今之正者为后世法。⑦颂：即《诗经》中之《周颂》《鲁颂》《商颂》，是庙堂的乐章。颂的本义是诵，称颂今之德。

译文 教《诗经》之六义：风、赋、比、兴、雅、颂。

赏读 这是以教《诗经》为主要内容的文艺教育。《诗经》既是诗歌，也是乐章。《诗经》中的诗，都是可以入乐、吟唱的。这既是文艺作品创作的教育，也是音乐教育。

（三）为师之道

01

> 凡学之道，严师①为难。师严然后道尊②，道尊然后民知敬学③。

出处 《礼记·学记第十八》

注释 ①严师：尊敬师长。严，尊敬。②师严然后道尊：师长受到尊敬了，然后师道才受到敬重。道，此指师道。③敬学：恭敬地学习。

译文 求学之道，最不容易做到的就是尊敬师长。只有师长受到尊敬了，然后师道才受到敬重；师道受到敬重，然后百姓才知道恭敬地去学习。

赏读 尊师重道，是我国的优良传统。千百年来，在相当长的一段时间内，中国家庭的神龛上均写有"天地君亲师之位"的神主牌位。老师是作为神来供奉的。按太学的礼制要求，即使给天子授课，老师也不能坐南面北(王者坐北向南)居于臣位。君主对待老师不能以对待臣下的态度来对待，这是为了尊师重道。《礼记》作者认为，也只有尊师尊道，民间才会兴起好学之风。

02 得天下英才①而教育之，三乐②也。

出处 《孟子·尽心上》

注释 ①英才：有美好才德的青年。《淮南子》："智过万人者谓之英。"故英为才德之美称。②三乐：第三种人生乐趣。

译文 得到天下有美好才德的青年而教育他们成才，这是人生的第三种乐趣。

赏读 孟子所说的"三乐"，是指"父母俱存，兄弟无故，一乐也；仰不愧于天，俯不怍于人，二乐也；得天下英才而教育之，三乐也。而王天下不与存焉"。这三种乐趣，均是"为人之乐"：一为天伦之乐，一为做有"一身正气"之人之乐，一为做人师之乐。孟子认为"得天下英才而教育之"这种为人师之乐，更是人生中一种深层次的快乐。孟子既做过大官(齐国的客卿)，还当过一些国家的顾问、参议，晚年也当过老师讲过学，走的是典型的"仕而优则学，学而优则仕"的道路。他认为君子的这三种人生乐趣，超过了称王于天下的乐趣。

03

学而不厌①，诲②人不倦③。

出处 《论语·述而第七》

注释 ①厌：满足。②诲：教诲。③倦：倦怠。

译文 努力学习而不满足，教诲学生而不倦怠。

赏读 这是孔子谈自己对待学习及教学的态度。教师的职责是"传道、授业、解惑"，因此在做人及求知上都应做出表率。"给学生一碗水，教师必须有一桶水"，这样教师就必须努力学习，以提高自己的知识水平，而不满足于过去已学的一点知识。教师在为他人、为国家培植人才，就应兢兢业业、诲人不倦、尽职尽责。只有这样，才是一个好教师。总之，衡量一个好教师的标准，不外两条：一是有良好的专业知识和相应的教学技巧，二是有良好的道德素养及认真负责的工作态度。

04

夫子①循循然②善诱人③，博我以文，约④我以礼。

出处 《论语·子罕第九》

注释 ①夫子：老师。此指孔子。②循循然：有次序。③善诱人：善于引导学生。④约：约束。

译文 （我们的）老师善于一步一步地引导学生，用知识丰富我，用礼法约束我。

赏读 这是孔子的大弟子颜渊称颂孔子的话。"循循善诱"便成了后世一个熟知的成语。孔子既采取"有教无类"，其学生来源自然很广，据记载有三千人之多。在

古代，在资讯不发达、教育手段和设施落后的情况下，一个教师一生中亲自教诲三千个学生，这很不容易，其工作量之繁重

也可想而知。而孔子培育出的"贤人"就有七十二人,成果也是丰硕的。颜渊感叹:老师循循善诱,一步步地引导我们好学上进,"博我以文,约我以礼",想中途停止,都不可能。颜渊是个有名的穷学生,没有中途辍学,而且还成了大儒,这与孔子的善于教导、循循善诱是分不开的。

05

不愤①不启②,不悱③不发④。

出处　《论语·述而第七》

注释　①愤:愤愤状,即心欲求通而未得时的心情。②启:开启,引导。③悱(fěi):想说又不知道该怎么说。④发:引发,开导。

译文　(对于受教育的人)不到苦苦思索而又想不通时,不去启发他;不到想说又不知道该怎么说时，不去开导他。

赏读 "不愤不启，不悱不发"，这就是孔子总结的启发式教学法，即只有当学生处于"愤""悱"状态时，教师才乘机启发、引导，使其有所领悟。在这种状态下获得的知识，是牢固的知识。郑玄说："孔子与人言，必待其人心愤愤，口悱悱，乃后启发为说之，则识之深也。"孔子诚善为人师者也。

06
温故①而知新②，可以为师矣。

出处 《论语·为政第二》

注释 ①温故：温习已学者。②知新：悟知未学者。

译文 能够温习已学过的知识，从中悟出新的知识，有新的体会和发现，就可以做人的师长了。

赏读 这是孔子言为师之法。要注意的是，其中特别强调"知新"，意为在教育学生、传授知识时，不能一味"温故"，炒陈饭，而要在"温故"的基础上，让学生知道"新知"，这才是"温故"的目的。温故而知新，这也是一种重要的教学法。朱熹云："言学能时时习旧闻，而每有新得，则所学在我，而其应不穷。"阐明了这种方法之重要。

07

子①以四教：文②、行③、忠④、信⑤。

出处 《论语·述而第七》

注释 ①子：古时特指有学问的男子，是男子的美称。此处指孔子。②文：文化知识。③行：良好行为。④忠：忠诚笃厚。⑤信：坚守信约。

译文 孔子用四种东西教育学生：文化知识、良好行为、忠诚笃厚、坚守信约。

赏读 这是孔子的学生记述孔子施教的纲要，以文、行、忠、信为先。也有人认为，此为孔子教学先后、浅深的次序，即先学文以获知，知而后进于行，然行之时担心存心未实，故又进之以忠、信。总之，作为人师，孔子始终注意学生德艺双修，既教授有益的知识、技能，更教育学生做人之道。

08

> 记问之学①，不足以为人师。

出处 《礼记·学记第十八》

注释 ①记问之学：只能教学生背诵书本知识的人。

译文 只能教学生背诵书本知识的人，做不了别人的老师。

赏读 只知教学生背诵书本上的死知识，以这种方法教学，学生是不会有学习心得和深刻的体会的，而且所知有限，所以这种人不足以为人师。意为真正的老师要让学生通过自己的独立钻研、深刻领悟，去求得真知灼见，而不是教学生死记硬背。

09

君子既知教之所由兴①，又知教之所由废②，然后可以为人师也。

出处 《礼记·学记第十八》

注释 ①所由兴：成功的原因。②所由废：失败的原因。

译文 君子既了解教育成功的原因，又了解教育失败的原因，然后就可以做别人的老师了。

赏读 《礼记》认为教育成功的原因有四：在邪念未萌生时预为之禁；在恰当时候不失时机地进行教育；不超过学生接受能力进行教学；促使学生相互观摩切磋。教育失败的原因有六：问题已生再加以禁止，收效不大；错过时机再来学习，难以学成；学习杂乱无序，会使头脑混乱，失去条理；独学无友，则孤陋寡闻；与不正派的朋友交往，违逆老师的教导；谈论歪理邪说，就会荒废学业。弄清楚教育成功和失败的原因，明白了教育的经验、教训，这样教师便可以对学生进行有效的教育了。

（四）为学之方

01

> 虽有至道①，弗②学，不知其善③也。

出处 《礼记·学记第十八》

注释 ①至道：最好的理论。②弗：不。③善：好。

译文 即使有最好的理论，不去学它，就不明白它好在哪里。

赏读 这是《礼记》中的名句。它强调只有通过学习，方能认识至道之善，明白学问之奥妙无穷。为了阐明这一道理，《礼记》在它前面还用了一个比喻："虽有嘉(佳)肴，弗食不知其旨也。"意思是，即使有人间的美味佳肴，不去吃它，就不知道它的美味可口。这个比喻真是巧妙极了：它把"至道"喻为佳肴。试想，一个成年累月吃粗茶淡饭甚至嚼草根树皮的人，能体会到山珍海味、玉液琼浆所带来的人间美味的享受吗？以此可知一个无知少识的人，自然不懂得"至道"之"善"了。则"至道"之善，于此可知。

02 学而时习①之，不亦②说③乎？

出处　《论语·学而第一》

注释　①时习：经常温习。时，时时。②亦：也。③说(yuè)：同"悦"，高兴。

译文　学到了知识，而且经常去温习这些知识，不也是很快乐的吗？

赏读 这是孔子的话。学习知识是为己、为人、为世，是有益于社会的。因此学习到知识，是一种收获的快乐、成长的快乐，是深层次的快乐。孔子不仅口头上这么说，他自身也这样做了。他说，他在学习时，到了"发愤忘食，乐以忘忧，不知老之将至"的地步。又说，在一个十户人家的小地方，也一定会有像我孔丘这样又忠心又讲诚信的人，但不一定有像我这样好学的人。他这样说，也是告诫学生要勤奋学习。孔子能成为一个伟大的思想家，为后世所尊敬，这与他的勤奋好学是分不开的。

03

博学①之，审问②之，慎思③之，明辨④之，笃行⑤之。

出处 《中庸》第二十章

注释 ①博学：广博地学习。②审问：详尽地探讨。审，详尽。问，询问，探究。③慎思：慎重地思考。④明辨：明晰地辨别。⑤笃行：切实地去做。笃，忠实。

译文 广博地学习，详尽地探讨，慎重地思考，明晰地分辨，切实地实行。

赏读 这是孔子答鲁哀公问政中的一段话。其中，学、问、思、辨、行五者，做学问必不可少，五者缺一，不是真正做学问。而学必博，问必审，思必慎，辨必明，行必笃，这又是五者中需十分注意之处。而学习、问询、思考、辨析这四者是为了求真知，择善而求知，是学而知也。而笃行，是为了将所求之真知付之于行动，是实践其知。儒家的学说，主张经世致用，故不学不为则已，学之为之则必须强调实践与成功。

04

朝①闻道②，夕③死可矣。

出处 《论语·里仁第四》

注释 ①朝：早晨。②道：事物当然之理，即真理。③夕：晚上。朝夕，言其历时短暂。

译文 早晨求得真理，即便当天晚上死去，也是值得的。

赏读 这是孔子勉励人努力追求真理的名言。他认为人活着，就应该努力追求真理，哪怕在临死前那短暂的一瞬，为求得真理而死，也死得安心，也是值得的，人生当无遗憾。东汉王充在《论衡》中有这样一段记载：孔子病重弥留时，早饭后，学生商瞿卜了一卦，说他当天中午行将逝世。孔子得知后说："等到中午，那么剩下

这点时间做什么?给我拿书来!"由此可见孔子之好学,死且不休。这种精神确实值得我们学习。

05
笃信①好学，守死②善道③。

出处　《论语·泰伯第八》

注释　①笃信：坚定信念。笃，忠实。②守死：牢牢地守住。③善道：正道。

译文　要坚定自己的信念，要勤奋好学，要有至死不变的精神来弘扬真理。

赏读　孔子认为，一个人的学问和操守都是非常重要的。操守，即节操，用之于学术，则是坚持真理的品格。有学问，且已掌握了真理，但如无操守，或为利趋，或为势迫，放弃真理，不敢坚持，这就叫作无学术品格，缺乏坚持真理的独立的人格精神。20世纪50年代，当对北京大学校长、著名学者马寅初的"人口论"进行大批判时，马老尽管承受着巨大的政治压力，也绝不妥协、动摇。这种坚持学术独立、守死善道的精神,深为后人所敬重。

06 仕①而优②则学③,学而优则仕。

出处 《论语·子张第十九》

注释 ①仕:旧指做官。②优:悠闲有余力。③学:做学问。

译文 做官奉职如果游刃有余而又有余力时,则应研究学问;学习有成如果尚有余力就应该出去做官。

赏读 这是孔子弟子子夏的话。做官与做学问,虽事不同,但要求相同,都应达到"优"的水平。这里的"优",指在各自的领域均能游刃有余而又悠闲有余力。达到了这样的"优"的水平,做官的就可以研究学问,做学问的才可以从政做官。中国官员的选拔制度，无论是汉晋的举荐制，还是隋唐以后迄清末的科举制，两千多年来，尽管具体执行中也有一些腐败的不正之风在干扰，实质上实行的还是"学而优则仕"。这固然满足了统治集团对精英分子的基本要求，有利于封建制度的稳定、发展和延续，但由于"官本位"的加强，削弱了科技的发展，当近代西方国家科技崛起，充实到军事力量时，中国便处于落后挨打的状态中了。科举制度的弊端也就完全暴露出来了。

07

博学①而详说②之，将以反③说约④也。

出处　《孟子·离娄下》

注释　①博学：广博地学习。②详说：详尽地解说。③反：回到。反，同"返"。

④说约：扼要说明。约，精简，简约。

译文 广博地学习并且详尽地解说这些道理，目的是要达到能扼要地说明这些道理。

赏读 这是孟子谈做学问的名言。他认为做学问首先要多学，广泛地学，并详细地解说其中的道理。但这样做，不是要夸耀自己博学，而是要将所学的东西融会贯通，了然于胸，最终达到能简明扼要地阐明这些道理的目的。即由学厚书，变为说薄书，能将复杂的道理扼要地阐明，将高深的学问深入浅出地说明，这就是由博返约的做学问之道。

08

三人行①，必②有我师焉。

出处 《论语·述而第七》

注释 ①三人行：三人同行。②必：一定。

译文 三人同行，(其中)必有一人可做我的老师。

赏读 这是孔子的话。他告诫人们，学无常师，随时随地都应向人学习。朱熹是这样阐释这句话的，他说："三人同行，其一我也。彼二人者，一善一恶，则我从其善而改其恶。是二人者，皆我师也。尹氏曰：'见贤思齐，见不贤而内自省，则善恶皆我之师，进善其有穷乎？'"这样的见地，是深刻的。

09

择师不可不慎也。

出处 《礼记·学记第十八》

译文 选择师长不能不慎重。

赏读 昔人云:"学高为师,德高为范。"这就是说,教师与其他任何一个行业比,有两条是必不可少的:一是学,二是德。学,即学问、知识;德,即道德品格。二者不仅必不可少,还需"高",即不是一般人的水平,有了这样的条件,方可为人师表。而仅有一般人都有的学识及品格,是没有资格为人师的。为什么?因为教师是传授知识的,知识水平不高或浅陋,何以为师?教师又是教别人如何立身做人的,自身道德素养一般,甚至行为不端,岂不误人子弟?严师才能出高徒,所以社会、家长对于教师的选择是不能不慎重的。

10

知之①为②知之,不知为不知,是知③也。

出处 《论语·为政第二》

注释 ①知之：懂得了这个道理。②为：是。③知：通"智"，智慧。

译文 懂得了就是懂得了，不懂就是不懂，这才是真正的智慧。

赏读 这是孔子教育子路的话。子路常好强逞能，强不知以为知，故孔子说了这番话。这里阐明了"知"的真谛。孔子指出，知，固是知；不知而承认其不知，亦是知。庄子说，人之"生也有涯，而知无涯"。生命是有限的，而知识是无限的，所以面对无穷的宇宙，人总有许许多多不知道的东西。因此，承认不知，这是科学的实事求是的态度。

11

尽①信书，则不如无书。

出处 《孟子·尽心下》

注释 ①尽：完全。

译文 完全相信书上的记载，那还不如没有书为好。

赏读 "尽信书，则不如无书"是千古名言。孟子教人读书要深明文义，要独立思考，辨别真假、是非、善恶，而不要死抠文句，被别人牵着鼻子走，乖乖地当了俘虏。孟子是儒家大师，但他对儒家奉为经典的《尚书》中的一个细节提出质疑。《尚书·周书·武成》中记载，说武王伐纣，"(纣之)前徒倒戈，攻于后以北，血流漂杵"。意思是说纣王前面的士兵反戈攻击后面的士卒，因而纣王军队大败，血流得可以漂浮起木杵。孟子说，这记载就不真实。理由是，仁者无敌于天下，最仁德的君主周武王去讨伐最不仁德的君主商纣王，怎会杀到血流漂杵呢?

12 学而不思则罔①,思而不学则殆②。

出处 《论语·为政第二》

注释 ①罔(wǎng):迷惘。②殆:疑惑不能定。

译文 只读书而不思索,就会感到迷惘(而无所得);只是思索而不读书,就会疑惑不定(终无所得)。

赏读 孔子认为,学与思要结合,不可偏废。只是学,而不求之于心之思索,就会昏昏而无所得。反之,如果只是成天空想而不学,就会疑惑不定,亦终无所得。孔子还说:"吾尝终日不食,终夜不寝,以思,无益,不如学也。"故古人云:"博学、审问、慎思、明辨、笃行,五者废其一,非学也。"

13 学者①有四失②，教者必知之。

出处　《礼记·学记第十八》

注释　①学者：学习的人。②四失：四种失误，一失之于贪多，一失之于过少，一失之于把学习看得简单，一失之于畏难不前。

译文　学习的人可能出现四种失误，教学的人必须了解。

赏读　《礼记》认为，四种失误源于不同的心理状态，教学的人只有弄清楚了学习者的具体想法，然后才能采取相应的对策，救其所失。教育的目的就是"长善救失"，即增进学生的长处而挽救他们的失误。

14 天行健①，君子以自强不息②。

出处 《周易·上经·乾》

注释 ①天行健：天体运行，周而复始，刚健有力。②自强不息：自己奋发图强，永不停息。自强，自己努力向上。息，停止。

译文 天体运行，周而复始，刚健有力，君子应效法于天，自觉地努力向上，力求进步。

赏读 这是孔子对《周易》乾卦卦辞所作的解释。天体运行，四时交替，寒来暑往，秋收冬藏，昼明夜晦，无有差忒，故云"天行健"。君子应效法天道之健，进德修业，以自强不息。孔子主张人生应积极进取，以造福社会，反对消极厌世、无所作为，更反对游戏人生、贪图享乐。故提

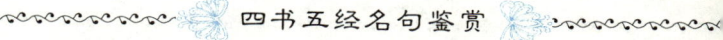

出"天行健，君子以自强不息"以勉励人进取。

15 君子不重①则不威②,学则不固③。

出处 《论语·学而第一》

注释 ①重:庄重。②威:威仪。③固:巩固。

译文 君子(仪态)不庄重就没有威严,所学的东西也不会巩固。

赏读 这里讲的是仪态与学业的关系。照常理,二者无关,但儒家强调的是一种严肃的人生态度,反对嬉游晃荡。因为不严肃的人生态度,也会影响到学业。汉代扬雄的《法言·修身》中也强调对人要有四个看重:"重言,重行,重貌,重好。"他认为"言重则有法,行重则有德,貌重则有威,好(喜好)重则有观"。因此,对作为知识群体的士大夫阶层,特别强调庄重,其意义就在于此。

16 女①为君子儒②，勿为小人儒③。

出处　《论语·雍也第六》

注释　①女（rǔ）：同"汝"，你。②君子儒：指品格高尚的儒者。③小人儒：指品德不好的儒者。

译文　你要做一个君子式的注重公义的儒者，不要做注重私利的小人式的儒者。

赏读　这是孔子对其弟子子夏说的话。子夏在孔门中以文学著称，孔子认为他在遵循仁和礼上有所不及，针对这种情况，孔子以志向远大晓之，告诫子夏当明道为君子，以造福社会、人民，勿得矜名为小人，而只注重个人的私利。孔孟历来强调士大夫阶层的社会责任感，"穷则独善其身，达则兼善天下",这便是"君子儒"的最好注脚。

17

士^①而怀居^②,不足以为士矣。

出处 《论语·宪问第十四》

注释 ①士:此指读书、研究学问的人。②怀居:贪图安逸的家居生活。

译文 读书做学问的人,如果只贪图舒适的生活享受(而不愿进德修业),就不足以称为做学问的人了。

赏读 孔子告诫读书人,要有高远的志趣,要努力奋进,为社会、为大众造福,不要只贪图小家庭的舒适,为情欲所累。反之,如只贪恋生活的安逸舒适,而忘掉读书人"兼善天下"的社会责任,就够不上"士人"这个称号了。

18 为山①九仞②，功亏一篑③。

出处 《尚书·周书·旅獒》

注释 ①为山：修筑土山。②仞（rèn）：古时八尺为一仞。③功亏一篑（kuì）：工程没完成，只在一筐土之差。篑，土筐。

译文 修筑九仞的土山，工程没完成，只在一筐土之差。

赏读 这是比喻无论做任何事，如树德、施政、学艺，均需勤奋从事，慎始善终。如懈怠从事，有始无终，十成功夫，哪怕做了九成九，结果功亏于一篑。1907年德国人埃文利希发明治疗梅毒的注射药六零六，就进行了六百零六次试验方始成功。反之，如果他只进行六百零五次呢？那当然功败于垂成之际了。

19 一日暴①之，十日寒②之。

出处 《孟子·告子上》

注释 ①暴（pù）：同"曝"，晒。②寒：冷冻。

译文 （即使有天下最易生长的东西，）只有一天曝晒它，却有十天冷冻它（也不能生长的）。

赏读 孟子告诫人无论进德还是修业，均需专心致志、有始有终，决不能时作时辍，甚至一作十辍，一进十退，亦即俗谚所说"三天打鱼，两天晒网"。学习、工作时间少，而嬉游、闲散日子多，如果这样，必将一事无成，只能老大徒伤悲。

20

人一能之①，己百之②；人十能之，己千之。

出处 《中庸》第二十章

注释 ①人一能之：别人用一分力气做到的。②己百之：我就用百分力气去做。

译文 别人只用一分力气做到的，我就用百分力气去做；别人用十分力气做到的，我就用千分力气去做。

赏读 这是孔子答鲁哀公问政的话。孔子在这里说明，在做学问上，只要肯勤奋学习，特别是肯花大力气，坚持不懈，就能改变人的气质，即使是愚笨的人，也能变得明白事理、聪明起来，即使是柔弱的人，也会变得坚强起来。鲁迅先生也曾说，哪里有什么天才？他是把别人喝咖啡的时间都用在了看书和写作上。

21

日知其所亡①，月无忘其所能②，可谓好学也已矣！

出处 《论语·子张第十九》

注释 ①亡（wú）：同"无"，指不知道的。②能：指自己已经学会的。

译文 每天要了解自己所不知道的，每月不要忘掉自己已经学会的，（能这样）可算得上是好学的人了。

赏读 这是孔子弟子子夏劝学的话。意为每天应该了解哪些是自己还没有学到的知识，以后就会有意识地去学习和掌握；每月应当阶段性地温习，以便不遗忘已经掌握了的东西。能这样做，自是好学之人。

四书五经名句鉴赏

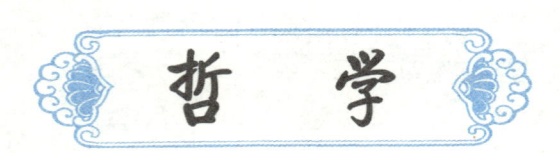

哲 学

（一）论自然规律

01

日中则昃①，月盈②则食③，天地盈虚④，与时⑤消息⑥。

出处　《周易·下经·丰》

注释　①日中则昃(zè)：太阳到正午，不久便偏斜。昃，太阳偏西。②月盈：月圆，即满月。盈，满。③食(shí)：亏损，亏缺。食，亦作"蚀"。④盈虚：盈，充满；虚，亏损。⑤时：时间。⑥消息：消，减少；息，增长。

译文 太阳到正中，不久便会西斜，月亮至满盈，不久便会亏缺，天地间这种盈亏盛衰的变化，随着时令的推移而消长。

赏读 这是孔子解释《周易》中丰卦卦辞含义的话。孔子在这里指出，日至中而盛极，盛极则昃；月至望(农历每月十五或十六)而满盈，满盈则缺：这种盈虚变化是天地万事万物的普遍规律。孔子接着指出："而况于人乎？"意为不仅整个自然界处在这种盛衰盈虚的变化过程之中，人间社会也同样处于盛衰盈虚的变化过程之中。把对天体变化的观察与对人世社会的观察结合起来，加以探索，这是一种深刻的哲学思考。这样的思考叫"天人合一"。这种"天人合一"

论，是中国哲学一开始就抛开玄学，而走向实用性的一个显著特点。

02

> 反①复其道，七日来复②，天行③也。

出处 《周易·上经·复》

注释 ①反：同"返"。②七日来复：按卦爻排列，一阴发生在五月的"姤"卦，到全部变成阴的十月的"坤"卦，再回到一阳复来的"复"卦，前后经七个爻。如果将一爻看作一日，从一阴发生回到一阳复来，经历七日，故称"七日来复"。③天行：天地间的运行法则。

译文 阴阳的反复，是天地间的自然法则，经过七个阶段，阳又返回来，这就是天地间阴阳消长的循环规律。

赏读 这是孔子对《周易》复卦卦辞所

作的解释。他指出，阴极阳反，一阳生而成复，乃是天地间有规律运动的结果，是阴阳消长的循环，天地间就这样生生不息而化生万物。阴阳这一对概念，是中国古代哲学所特有的，人们常用它来阐释大至天文、地理、人事、社会变迁，乃至时令、建筑、医药、男女，小至人们的日常生活起居，可以说无所不在。由阴阳派生出来的还有动与静、有与无、泰与否、穷与通、盛与衰、祸与福……可以说不了解阴阳这一对哲学概念在中国人生活中之实际运用，就不能真正了解中国哲学之奥妙。

03

无平不陂[1]，无往不复，艰贞[2]无咎[3]。

出处 《周易·上经·泰》

注释 ①陂（pō）：不平坦。②艰贞：艰难困苦。③咎：凶，灾祸。

译文 （世上的事物）没有只平坦不起伏的情况，没有只往不返的情况。在艰难中守正，才不会有灾祸。

赏读 这是《周易》泰卦"六爻"下的文辞。有人认为是文王作，有人认为是周公作，也有人认为是孔子作。爻的本义是交，交错则表示变动，故"爻也者，效天下之动者也"。这就是《周易》中"动"的概念的哲学基础。这里讲大自然的规律是，盛极必衰，否极泰来。所以人处安泰之时，应居安思危，所作所为要坚守正道，便可没有灾祸。

04

同声①相应，同气②相求③。

出处 《周易·上经·乾》

注释 ①声：声调、声音、话语。②气：气息、气味、气质。③求：吸引。

译文 声调、声音、话语相同，会产生感情的共鸣；气息、气味、气质相同，会互相吸引。

赏读 这是孔子的名言，是他对《周易》乾卦"九五"爻辞所作的解释。他总结天地物与物之间同声相响应、同气相吸引的现象，得出天地间万事万物均"各从其类"、相互聚合的自然法则。反之，如违背这一"各从其类"的自然法则，去"相应""相求"，去相互聚合，必遭到祸害。

05

一阴一阳之谓道①，继②之者善也，成③之者性④也。

出处 《周易·系辞上传》

注释 ①道：法则、道理、规律。②继：继承。③成：成功，成就。④性：人的禀性。

译文 一阴一阳的交互作用，就是天地发展变化的法则。继承天的这种法则（而不违反它），就是善；使这种法则成就于人身上，则是天赋的人性。

赏读 此处重在解释"道"的含义。孔子指出宇宙间万事万物总是由阴阳这样相反相成的矛盾的两个方面交替运动，才推动向前发展的。这种阴阳交相运动，就是人们常说的"道"，即天地间运动的法则。人，遵循这一法则就吉，而将这一法则赋予人身上，则是人的本性，就叫天赋人性。这便是人性天赋的哲学基础。故《中庸·第一章》说："天命之谓性，率性之谓道。"意思是上天所赋予人的一切就是人的本性,依照这本性做事叫作正道。

06

方①以类聚,物以群分②,吉凶生矣③。

出处 《周易·系辞上传》

注释 ①方:指事。②分:划分开。③吉凶生矣:吉凶祸福就在这中间产生。

译文 天地间万事万物(因有其共同特点)同类相聚,并与另一类事物有相异之处,从而又分别开来。(既然有同有异、有聚有分)吉凶祸福就在这中间产生。

赏读 孔子在这里指出,客观事物有同有异,有聚有分,同则相聚,异则相分,这是事物的客观规律,不可违背。如果顺应这

种同则聚、异则分的规律,该同的同,该异的异,该聚的聚,该分的分,做事就会成功,就会致吉;如果违背这一规律,该同而不同,该异而不异,该聚而不聚,该分而不

分，做事就会失败，就会致凶。因此，吉凶祸福不是命运注定，而是人自身活动是否按自然法则办事的结果。

07

日月得天①，而能久照；四时变化，而能久成②。

出处 《周易·下经·恒》

注释 ①天：指天体运行规律。②成：生成万物。

译文 太阳、月亮如果遵循天体运行规律，就能长久地普照万物；春夏秋冬四季如果遵循自然运转规律，循环往复，而无间断，就能生长万物。

赏读 这是孔子对《周易》"恒"卦卦义所作的阐释。他认为日、月、四时正是依照自然规律，而能长久地普照大地，生成万物，这是"恒"卦所包含的意思。因此，要顺天，要遵循自然规律，不能"违天"，违背自然规律，这就是"天之道"。中国古代哲学讲"天道"时，总是要归结到"民之道"。所以在这之后，孔子紧接着说："圣人久于其道，而天下化成。"意思是圣人，即指尧、舜、禹、汤、文武之类的圣王，长期坚持正道，就能教化天下，建立美好的社会，就像四时变化而无间断，就能生长万物一样。

08

天命①之谓性②，率③性之谓道④，修⑤道之谓教⑥。

出处 《中庸》第一章

注释 ①天命：上天所赋予的。②性：本性，理。朱熹注："天以阴阳、五行化生万物,气以成形,而理亦赋焉。"③率(shuài):顺着。④道:正道,法则。⑤修:修养,修治。⑥教:教化,教育。

译文 上天所赋予人的气质,就叫作人的本性;人能依照这本性去做事,就叫作天地间的正道;(在上位的人)能修养好这天地间的正道,(推而广之,让别人仿效学习)就叫作教化。

赏读 这里将"天命""性""道""教"几个极抽象的概念,联系起来作出论断,非常简明扼要。这里阐明的是,"教"源于"道","道"源于"性","性"源于"天",而"天"又存于心,这就是中国哲学"天人合一"的理论依据。这里的"天"当然是指大自然,指大自然的规律,而不是什么上帝。

09

仰以观于天文，俯以察于地理，是故知幽明①之故；原②始反③终，故知死生之说④。

出处 《周易·系辞上传》

注释 ①幽明：黑暗和光明。②原：探究。③反：同"返"。④死生之说：有关死生的道理。

译文 仰望可以观察日、月、星辰、天体运行的规律，俯瞰可以观察山川湖海地质地貌，所以从中就可以得知黑暗与光明的道理；探究事物发生时的起始状态，再考察该事物发展至终了时的情况，就能明白有关死生的道理。

赏读 幽明及死生之说，在科技不发达的时代，具有神秘甚至迷信的色彩。孔子强调不能凭主观臆断,而是要通过实际的观察和探索获得。他认为通过对大自然状态的观察与思索,对事物的发生、发展及终极现象的观察与思索,就能弄明白神秘的幽明及死生的现象。这是科学的观点,不是玄虚之论。

10

致①中和②,天地位③焉,万物育④焉。

出处　《中庸》第一章

注释　①致:达到,推而及之之意。②中和:中,指不偏不倚,无过无不及,合于正道。和,指合于一定的度,有分寸。③位:得其位,安其所。④育:生长发育。

译文　如能达到(最理想的境界)中与和,那么天地间的位置、万事万物的位置,就会安排得恰当，世上万物就会(阴阳和谐，顺利地)生长发育了。

赏读 "中""和"，这是儒家学说中两个重要的哲学概念。所谓"中"，孔颖达疏云"喜怒哀乐之未发谓之中"，意思是说人的情欲，即喜怒哀乐，是因事而发，而未发之时，淡然虚静，无所虑，且合于理。这个时候是人性的初始阶段，是人性的本来状态。所谓"和"，孔颖达又云"发而皆中节谓之和"，意思是说人的情欲，即喜怒哀乐，虽发，而能和合道理，这种和合的道理便可通达于天下。"中""和"，是人性处于最佳状态时的境界。执政者的责任，便是使自己达到"中和"这种境界，制定出合乎客观事物发展规律的方针政策，使天下事顺理成章，健康发展。

11

> 时①止则止，时行则行。动静不失其时②，其道③光明。

出处 《周易·下经·艮》

注释 ①时：适时。②时：时机。③道：前途。

译文 在应当停止的时候就停止，在应当行动的时候就行动。不论停止或行动，都不要失去最佳的时机，这样前景就必然光明。

赏读 事物的发生、发展、变化，都是由时间的推移和条件是否具备来决定的。因此能否把握住有利时机行动，这是做任何事的成败关键。时乎！时乎！机不可失，时不再来，这已是世人普遍的认知。当时机有利时，固应坚决行动，果断出手；当时机于我不利而应停止行动时，同样要坚决停止，果断收手。行其所当行，止其所当止，这才是真正的智者。

（二）朴素的辩证法

01

穷①则变，变则通②，通则久③。

出处　《周易·系辞下传》

注释　①穷：处境困厄。②通：通达。③久：长久。

译文　当无路可走、处境困穷时，就要另寻门路，改变原先的做法；而一旦改变，路子就会通达；通达了就能保持长久。

赏读　"穷则变，变则通，通则久"是孔子的话，是儒家很重要的哲学思想，也是后世一切维新、改良、改革、变革、革命的思想基础、理论基础。毛泽东也强调了"穷则思变"这个重要的思想。从古至今，绝没有一成不变的事物，万事万物无不处在发生发展和变化之中。但当某个时候，某事物的发展阻滞不前，甚或到了山穷水尽、无路可走时，就必须另寻生路，这叫作"变"。也只有变，才有生机，才有出路；不变，就只有死路一条。

02

形而上①者谓之道，形而下②者谓之器，化③而裁④之谓之变。

出处 《周易·系辞上传》

注释 ①形而上：物质皆有形体，超出形体之上的抽象的部分，称为"形而上"，亦称"道"，指事理、方法。②形而下：在形体之"下"，即具体的、有形体可见的部分，称作"器"，即器具、工具之类。③化：变化，指事物的自然变化。④裁：人的裁定，指操作、使用上的改进。

译文 事物皆有具体的形体，超乎形体之上的抽象的部分，便称作"道"；在该事物的形体之下、具体可见的部分，便称作"器"。当将"道"与"器"根据情况加以调整，以更好地利用"道"与"器"时，这就叫作"变"。

赏读 与儒家一样，在中国哲学体系中道家也承认要遵循自然规律，而更强调要按客观法则办事。但道家在强调遵循自然法则时，强调的是要保持纯原始的状况，而反对任何人为的改变。例如马只知"龁草饮水，翘足而陆(跳跃)""喜则交颈相摩(摩擦)，怒则分背相踶"，这是马的"真性"。但如果给马加一个嚼环、笼头、铁蹄，这样马便会形成服从、偷懒、怠惰及狡诈的性格，甚至还会干出坏事来。产生这种不好的现象，不能责备马，而是人的活动伤害了马的"真性"，是"伯乐之罪"。如果以此推论到人世社会，而提倡道德仁义，庄子说，便会使人产生相互的猜疑和斗争，这是"圣人之过"，甚至说"圣人不息，大盗不止"。要人们回到原始社会去，"含哺而嬉，鼓腹而游"，过"小国寡民"的生活。这就是道家所主张的无所作为的消极的人生态度。而儒家在强调不违背客观规律的同时，更强调发挥人的主观能动作用，主张"化而裁之"，强调"变"，这是积极的有所作为的人生态度。

03

可以赞①天地之化育②，则可以与天地参③矣。

出处 《中庸》第二十二章

注释 ①赞：帮助。②化育：生长变化。③参(sān)：配合成"三"，即人可与天、地配合成"三才"，古人称天、地、人为"三才"。在宇宙间能促使万物生长变化的只能是天、地、人。

译文 （人）能够帮助天地发挥其对事物生长变化的作用，就可以跻身于天地之间，与天地配合成"三才"，化生万物。

赏读 古人认为，宇宙间只有天(含日月星辰、风雨雷电)、地(地能厚载万物)、人有化生万物之才能，天、地、人三才之中，主体是天、地，而"人"在其中是起"赞"，即赞襄、帮助之促进作用，因此可以与天、地配合而成"三才"。人之所以有此赞襄之才，是因天地之间，万物群生，只有人为万物之灵，能掌握并帮助万物的生长变化，使万物生生不息。其他物种则无此才能"。这是对人的能动作用的充分肯定。

04 汤武革命①，顺乎天②而应乎人③。

出处　《周易·下经·革》

注释　①汤武革命：指商汤王推翻夏桀王、周武王推翻商纣王这两次改朝换代的行动。②顺乎天：顺应天命。③应乎人：合乎民心。

译文　商汤王推翻夏桀王、周武王推翻商纣王的革命，顺应天命、合乎民心。

赏读　这是孔子对《周易》"革"卦卦辞的含义所作的解释。革，原意是皮革，指兽皮经加工、去毛后成为柔软的皮革。含有改革、变革之意，意为王朝可以变换，风俗习惯、政治及文物等制度都是可以改革的。所以孔子在阐释"革"卦这一卦辞的含义时，说："天地革而四时成，汤武革命，顺乎天而应乎人。"又在《系辞下传》中说："穷则变，变则通，通则久。"对商汤王推翻夏桀王、周武王推翻商纣王的改朝换代，孔子指出这是上顺应天命、下合乎民心的革命行动。这说明孔子从理论上确立了变革的思想，从对具体的历史事件的评价上，肯定了变革的行动。

05

泰①者，通②也。物不可以终通③，故受之以否④。

出处　《周易·序卦传》

注释　①泰：通畅。②通：通畅。③终通：始终通畅。④否(pǐ)：恶，坏。

译文 "泰"是通畅、平安的意思,但万物不会是永远通畅、平安的,所以"泰"卦之后紧接着便是"否"卦。

赏读 《周易》中的《序卦传》,是用来解说六十四卦的序列,说明六十四卦的排列顺序与意义。这里的意思是说,天下事不可能始终通畅、平安,所以"泰"卦后面便紧接着安排"否"卦,意为坏运的到来。泰极否来,反之否极泰来,否泰是会互相转化的。同理,盛衰、兴亡、成败、安危、得失、荣辱、祸福等,无一不是因时间、条件的变化而互相转化的。这便是《周易》中所反映出来的我国古代哲学中朴素的辩证法思想。

（三）学说核心

01

> 仁也者，人也，合①而言之，道②也。

出处　《孟子·尽心下》

注释　①合：把"仁"与"人"合起来。②道：道理、法则。

译文　有仁爱之心的人才是人，把仁爱之心和人合起来说，便成为做人之道。

赏读　孟子在这里把仁爱之心作为人的根本属性，也就是说，人之异于禽兽就在仁与不仁之分。他还说："仁，人心也。"指出"仁"，是人的本心。所以"仁"，是为人而存在，人离开了"仁"，便近于禽兽；反之，仁，也非人不能实行和体现。因此，仁与人合而言之，便是做人的基本原则。孔孟学说的目的，不外修己治人，即修身、齐家、治国、平天下，就个人说，要当仁人志士；就治国说，要行仁政，即德政，这一切都以"仁"为基础，并弘扬它。仁，是儒家学说的核心。

02

人心惟危①，道心②惟微③，惟精④惟一⑤，允⑥执厥中⑦。

出处　《尚书·虞书·大禹谟》

注释　①危：不安。②道心：治国的根本思想。③微：精微难明。④精：精心。⑤

一：一心一意。⑥允：诚实。⑦中：中庸、中正。

译文 （治理国家）最担心的是人心浮躁不安；而治国的根本思想又是那样精微难明；（要想使精微难明的治国之道彰明，执政者）必须一心一意为民操劳，始终如一地执行不偏不倚、无过无不及的中庸之正道。

赏读 这是舜帝和大禹、皋陶、益稷几位大臣讨论国是时舜说的话，被称为十六字真言。这十六字真言，被后世儒家认为是儒学经典的精髓。这里既提出了"人心""道心"是国家最高统治者应时刻注意的问题，也提出了"惟精惟一，允执厥中"这样的治国之道，是儒家学说中治国安民思想的高度概括。

03

克己①复礼②为仁。

出处 《论语·颜渊第十二》

注释 ①克己：克制自身的私欲。②复礼：回归于礼。

译文 克制自身的私欲，让言行都合于礼制的要求，这就是做到了仁。

赏读 仁，是儒家学说的核心。要做到仁，孔子提出必须克制自己的私欲，让言行都回到"礼"。这里的"礼"的概念，含有礼仪法度之意，"复礼"即回复到国家的各种规章制度的要求。孔子清醒地看到"饮食男女，人之大欲存焉"的社会现象。这是客观存在，不能回避，要承认，要满足其合理的需求，但是不能让这种欲望膨胀开来。如果这种个人的私欲不加抑制，无限制地膨胀，会产生很大的社会危害。所以孔子提出"克己复礼"，以加强个人修养来抑制私欲的膨胀，孟子也提出："养心莫善于寡欲。"并认为，如"其为人也多欲"，虽然有时也会保存一点"仁善"之心，但到底还是很少的。

04

中者①天下之正道②，庸③者天下之定理④。

出处 《中庸章句》

注释 ①中：不偏不倚、无过无不及之意。②正道：正确的道理。③庸：不易，即不能改变。④定理：固定不变的法则。

译文 "中"就是天下正确的道理，"庸"就是天下固定不变的法则。

赏读 这是朱熹为《中庸》一书作注时

引用程颐的话。中，就是中正、中和之意，意为不偏不倚，无过无不及。庸，意为不改变。朱熹认为，"中"，便是天下最正确的道理；"庸"，就是天下固定不变的法则。"中庸"，在儒家看来是一个最完美的概念，既是最完美的治国理念，也是最高的道德要求。孔子曾感叹地说："中庸其至矣乎！民鲜能久矣。"这里显然是指道德上的要求。他并断言只有君子才能做到中庸，而小人是反中庸的；小人一旦反中庸，便无所忌惮，敢于做出逆情悖理之事。

05

人之所不学而能者，其良能①也；所不虑②而知者，其良知③也。

出处　《孟子·尽心上》

注释　①良能：不学而能，性所自能。

亦即良好的本能。②虑：思考。③良知：良好的理智。

译文 人有不用学习就天然能使用的某种技能，这叫良能；有不用思虑就能自知的某种道理，这叫良知。

赏读 这是孟子的话。良能、良知这两个概念是孟子的独创，也是儒家哲学思想的发展。孟子认为分辨是非善恶的这种良能良知，是天赋的，是人与生俱有的，无需外求，就像仁义是人与生俱来的一样。他提出这样的命题，就为"性善论"找到了更进一步的理论依据，对后世儒学产生了重大的影响。孟子认为，仁、义、礼、智等道德观念，"非由外铄(授)我也"，为人固有之美德，天赋之，故能不虑而知。明代理学家王守仁据此而发展为"良知"说。认为"良知"即是"天理"，"致吾心良知之天理于事事物物，则事事物物皆得其理矣"。人们只要排除了个人私欲，按"良知"行事，其言行自会符合人类伦理道德标准。

06 夫子①之道，忠恕②而已③矣。

出处 《论语·里仁第四》

注释 ①夫子：指孔子。②忠恕：忠，忠诚。恕，宽恕。③已：罢了。

译文 老师的学说，（归纳起来不过是两个字）忠、恕而已。

赏读 这是孔

子弟子曾参归纳孔子学说主要内容的话。忠恕，朱熹认为："尽己之谓忠，推己之谓恕。"意为，忠，即是对人对事要尽一己之力；恕，即是推己及人，己所不欲，勿施于人。这便是忠恕之道。孔子的学说，至曾参"一以贯之"的，便是这忠、恕二字。

（四）学术争鸣

01

杨氏为我①，是无君②也；墨氏兼爱③，是无父④也。无父无君，是禽兽也。

出处 《孟子·滕文公下》

注释 ①杨氏为我：杨氏，指杨朱，战国时思想家，他提出一切"为我"的观点，主张"拔一毛而利天下，不为也"。②是无君：意为杨朱的一切"为我"，是只知爱惜自身，不懂臣民有"致君尧舜"的社会责任，故"无君"。③墨氏兼爱：墨氏，指墨翟，战国时思想家，鲁国人。其学说主张"兼爱"，说"爱无差等"。④是无父：意为墨氏主张"兼爱"，"爱无差等"，视至亲无异于众人，故"无父"。

译文 杨朱主张一切"为我"，这是一个目无君上的家伙；墨氏主张"兼爱"，这是一个目无父母的家伙。目无父母、目无君上，简直就是禽兽啊！

赏读 这是孟子的话。当时正处在战国时期，诸侯割据，纵横捭阖，学术上也空前活跃，呈现出"百家争鸣"的局面。"杨朱墨翟之言盈天下,天下之言不归杨则归墨",孔子的学说那时不被看重。孟子认为,杨朱、墨翟的学说不仅对社会人心是有害的,而且"杨墨之道不息,孔子之道不著",是"邪说诬民,充塞仁义"。孟子认为,人间如果没有了仁义,人与人之间就会像野兽一样,互相吞食,这是非常可怕的。他担心这种最坏情况的发生,所以站出来批驳杨墨学说,目的是"正人心,息邪说,距诐行,放淫辞",以匡救天下。孟子通过对杨墨学说的批驳,声名大振,维护了以孔子为代表的儒家学说在中国的主导地位,并历时长达两千余年之久。孟子因此也被后世尊为"亚圣"。

02

或劳心①,或劳力②;劳心者治人③,劳力者治于人④。

出处 《孟子·滕文公上》

注释 ①劳心：指脑力劳动。②劳力：指体力劳动。③治人：管理别人。④治于人：

被别人管理。于，介词，在被动句中引出动作的主动者。

译文 （社会有分工）有的人从事脑力劳动，有的人从事体力劳动；从事脑力劳动的人就搞管理工作，从事体力劳动的人就被别人管理。

赏读 这是孟子批判农家学说的话。农家学说的代表人物许行，主张"贤者并耕而食，饔飧而治"。即国君及在上位的人应当同农民一道种田，才能吃饭；自己煮饭，同时管理国事。孟子反对这种观点，揭露了这种观点的荒谬可笑之处，阐明其事实上的不可能，对其狠狠地进行了批驳，从而正面阐明社会分工的必然性、必要性及合理性，否则社会便会乱套、倒退。

03 以顺为正①者，妾妇之道②也。

出处 《孟子·滕文公下》

注释 ①以顺为正：把无原则的顺从当作人间正确的道理。②妾妇之道：不过是妾妇通常的行为准则。

译文 把无原则的顺从当作人间正确的道理，这不过是妾妇的做人之道。

赏读 这是孟子批判纵横家的话。有个善搞纵横术的叫景春的人，对孟子说，公孙衍、张仪，难道不是大丈夫吗？他们"一怒而诸侯惧，安居而天下(烽火)熄"。孟子鄙屑地说，这帮人算什么大丈夫！他们不过是无原则地顺从野心勃勃的诸侯，以求得宠幸，献媚讨好，这是妾妇之道。荀子更直斥"齐之苏秦、楚之州侯、秦之张仪，可谓态臣者也"。态臣（态，借作"慝"，邪恶之意），即奸诈之臣。孟子认为，不能以权势之大、气焰可畏为标准来界定大丈夫。他说大丈夫的标准应该是：一要有"行天下之大道"，并能"与民由之"的志向；二要有"富贵不能淫，贫贱不能移，威武不能屈"的气节操守。

文 艺

（一）文艺功能

01

《诗》①，可以兴②，可以观③，可以群④，可以怨⑤。

出处 《论语·阳货第十七》

注释 ①《诗》：指《诗经》。②兴：兴起，指激发人们的志气。③观：观察，指考察政教得失。④群：群体，指养成集体观念。⑤怨：幽怨，指排解心中郁闷。

译文 读《诗经》，可以激发人们的志气，可以考察政教得失，可以养成集体观念，可以排解心中郁闷。

赏读 《诗经》共三百零五篇，是我国最早的诗歌总集，据说是孔子删定成集的。它以四言诗的形式为主，辅以少数杂言。《诗经》的内容相当全面，主要反映了西周至春秋中叶社会生活的方方面面，是考察该时期思想、政治、经济、文化的重要史料。孔子在这里所说的兴、观、群、怨，是指《诗经》的社会功能，这也成为后世传统文艺评论的标准。

02

诗言志①，歌永言②，声依永③，律和声④。

出处 《尚书·虞书·舜典》

注释 ①诗言志：作诗者自言己志，故诗是言志之篇。②歌永言：长声歌咏其诗。永，长久。③声依永：声，指宫、商、角、徵(zhǐ)、羽五声。永，即长言，指歌咏的诗。意为五声是依附于歌咏的诗。④律和声：指调和其五声，使合于节奏。律，我国古代审定乐音高低的标准，把乐音分为六律和六吕，合称十二律。

译文 诗是作者抒发自己志向的乐章；吟诗不足以申其意，便长声歌咏其诗；宫、商、角、徵、羽五声是依附于所歌咏的诗的；如其声未和，便用十二律吕调和五声，使合于节奏。

赏读 这里讲的是诗与歌咏、五声及十二律吕的关系。"诗言志"，是说诗是缘事而发，以抒己志的，不是为艺术而艺术。古人认为：“在心为志，发言为诗。"诗既言志，因此人们读诗，便可以激发其意志。可是如言之不足，不足故嗟叹之，嗟叹不足，故歌咏之，就是说，为达到更好的教育效果，便将该诗谱成乐曲来慢声歌咏。因此，古时的诗，大都是能唱的，故诗歌常连称；而诗、歌、声、律又都是为加强教育效果服务的，这叫寓教于乐。文学艺术的功能定位为教育，而忽视其娱乐性，这也是中国传统文学艺术的特点。

02

德者，性之端①也；乐者，德之华②也。

出处 《礼记·乐记第十九》

注释 ①性之端：本性的端正。②乐者，德之华：音乐是德行的光华。

译文 德行是本性的端正，音乐是德行的光华。

赏读 德在于内，在心为德；乐在于外，是用来发扬其德的，故乐为德外在光华之体现。《礼记》认为，古代圣王制定礼乐的目的，不是为了满足人们口腹耳目的欲望，不是为了娱乐，而是为了教育百姓辨别善恶美丑，回归到道德规范的正途上。

04

声音①之道，与政通②矣。

出处 《礼记·乐记第十九》

注释 ①声音：此指乐曲中的情调。②通：相通。

译文 乐曲中的情调，与(当时的)政治形势是相一致的。

赏读 《礼记》认为"凡音之起，由人心生也；人心之动，物使之然也"，既然人受客观事物的刺激产生感应，就表现为声音，形成音乐，所以音乐是与当时政治形势紧密结合的。例如，太平盛世的音乐，安详而愉快，因为政治宽和；乱世的音乐，怨恨而愤怒，因为政治乖戾；亡国的音乐，哀伤而凄凉，因为百姓流离困苦。

05

乐至①则无怨②，礼至③则不争。

出处 《礼记·乐记第十九》

注释 ①乐至：乐教通行于天下。②无怨：没有怨恨。③礼至：礼教通行于天下。

译文 乐教通行于天下，（人们的心情就会舒畅）没有怨恨；礼教通行于天下，（人们互相谦让）不会发生冲突。

赏读 中国古代非常强调礼乐的教化作

用，要制礼作乐，认为这是保持社会有序、人际关系和谐的重要举措。《礼记》认为"乐者天地之和也，礼者天地之序也"，所以"礼义立则贵贱等矣，乐文同则上下和矣"。《礼记》还进一步指出："乐在宗庙之中，君臣上下同听之，则莫不和敬；在族长乡里之中，长幼同听之，则莫不和顺；在闺门之内，父子兄弟同听之，则莫不和亲。"这便是"先王立乐之方"，也就是说先王制礼作乐的目的，是为了消除人与人之间的争执和怨恨，从而保持心情舒畅和相互谦让的良好社会风气。

06 兴[①]于《诗》，立[②]于礼，成[③]于乐。

出处　《论语·泰伯第八》

注释　①兴：兴起，振奋精神。②立：立

身处世。③成：成就。

译文 学《诗》可以振奋精神，学礼可以立身处世，学乐可以最终成就一个人。

赏读 这是孔子教人要以《诗》、礼、乐来促进个人的全面修养。意思是兴起好善去恶之

心，由于《诗》；确立好善去恶之心，由于礼；涵养成功一个学者，由于音乐。反之，不学《诗》，无以言；不学礼，无以立，既学《诗》、礼，然后以音乐完成其道德之全面修养。这强调了《诗》、礼、乐三者在进德修业上的重要作用。

07 不学《诗》①，无以言②。

出处 《论语·季氏第十六》

注释 ①《诗》：指《诗经》。②无以言：不会说话。

译文 不学《诗经》，就不会说话。

赏读 这是孔子教育其子孔鲤(字伯鱼)要认真学习《诗经》的话。当时的社会风气，凡诸侯朝见天子、诸侯会见以及士大夫之间的聚会，言谈之间都要赋诗见意。如不学《诗》，表明其人粗野无文，会被人看不起。

所以说："不学《诗》，无以言。"孔子还说，读完了《诗》中的三百多篇，把国家的政事托付给他，却办不好；派他出使四方各国，他不能独立应对，虽然是读得多，又有什么用处呢?意思是不仅要读《诗经》，还要读懂，悟出其中的道理才能赋诗见意，运用自如，才有与各国诸侯及士大夫言谈交往的资格。

（二）经籍评价

01

其为人也，温柔敦厚①，《诗》教也②。

出处 《礼记·经解第二十六》

注释 ①温柔敦厚：言辞温柔，性情忠

厚。②《诗》教也：这是《诗经》教育的结果。

译文 为人处世，言辞温柔，性情忠厚，这是《诗经》教育的结果。

赏读 这是孔子对《诗经》教育效果的评价。他认为入其国，观民风俗，便可知六经教育的效果。例如，其国人言辞温柔、性情柔顺、忠厚老实，这就是《诗经》教育的结果。因为整个《诗经》的主旨及风格是"温柔敦厚""怨而不怒"。

03

《诗》之失愚①，《书》之失诬②，《乐》之失奢③，《易》之失贼④，《礼》之失烦⑤，《春秋》之失乱⑥。

出处 《礼记·经解第二十六》

注释 ①《诗》之失愚：《诗》（《诗经》）

教如失误容易导致愚笨迟钝。②《书》之失诬：《书》(《尚书》)教如失误容易导致诬妄不实。③奢：奢侈过分。④《易》之失贼：《易》(《周易》)教如失误容易导致悖谬不正。⑤烦：烦琐细碎。⑥《春秋》之失乱：《春秋》教如失误容易导致战乱频仍。

译文 《诗》教如失误容易导致愚笨迟钝，《书》教如失误容易导致诬妄不实，《乐》教如失误容易导致奢侈过分，《易》教如失误容易导致悖谬不正，《礼》教如失误容易导致繁琐细碎，《春秋》教如失误容易导致战乱频仍。

赏读 孔子既指出六经积极方面的教化作用，也指出了若探索理解不正确，教化中也可以产生消极方面的作用。例如《诗》，主温柔敦厚，若不节制，过分强调此点，则易导致愚笨迟钝；《书》记载的史实广博久远，若不认真考证稽核，则易导致诬妄不实；《乐》主宽广博大，平易良善，若不节制，过分强调此点，则易导致奢侈过分；《易》主明察隐微，远近相取，爱恶相攻，祸福相倚，若不节制，过分强调此点，则易导致悖谬不正，诡奇隐秘；《礼》主庄敬，若不节制，过分强调此点，则易导致繁琐细碎；《春秋》研习战争之事，若不节制，过分强调此点，则易导致战乱频仍。

03

温柔敦厚而不愚，则深于《诗》①者也。

出处 《礼记·经解第二十六》

注释 ①深于《诗》：深通《诗经》的教化。

译文 言辞温柔，性情忠厚，而又不愚

笨迟钝,这是深通《诗经》的教化。

赏读 以《诗经》教化百姓,虽然教民要温柔敦厚,这是主要目的,但同时也要发掘《诗经》中的义理,即要了解其中的是非、善恶、真伪。这样学习《诗经》不至于导致愚笨迟钝。这就是主持《诗》教的人能深通《诗经》之义理后,所应达到的目的。

04

《诗》三百①,一言②以蔽③之,曰:思无邪④。

出处 《论语·为政第二》

注释 ①《诗》三百:《诗经》共三百零五篇,言三百者,举大数也。②一言:一句。古时称一句话为一言。③蔽:概括。④思无邪:思想没有邪念,意为思想纯正。

译文 《诗经》共三百篇，用一句话来概括它，就是：思想纯正。

赏读 这是孔子对《诗经》的评价。"思无邪"出自《诗经·鲁颂·駉(jiōng)》，意为归于正，即思想纯正。朱熹注云："凡《诗》之言，善者可以感发人之善心，恶者可以惩创人之逸志，其用归于使人得其情性之正而已。"这是指《诗经》有很好的教育功能。

05

《关雎》①乐而不淫②，哀而不伤③。

出处 《论语·八佾第三》

注释 ①《关雎(jū)》：指《诗经·国风·关雎》篇。②乐而不淫：快乐而不放荡。淫，此指过分，无节制。③哀而不伤：忧郁而不悲伤。

译文 《关雎》这首诗，快乐而不放荡，忧郁而不悲伤。

赏读 《关雎》这首诗是写一个男子慕恋一个姑娘，想和她结成伴侣的恋歌。孔子认为这首诗的思想感情把握适当：快乐而不过分，忧郁而不悲伤，这符合中庸的无过无不及的原则。唐孔颖达引郑玄笺云："《关雎》，后妃之德也。"把一首民间情诗上升为"后妃之德"，这种分析实失之偏颇。此点，近人也早已指出。

06

洁静精微①而不贼②，则深③于《易》者也。

出处 《礼记·经解第二十六》

注释 ①洁静精微：圣洁平和，明察隐微。洁，精，明。②贼：心术悖谬不正。③

深：精通。

译文 圣洁平和，明察隐微，而又不至于心术悖谬不正，就是精通《周易》的教化了。

赏读 《周易》原是古代占卜之学，后经周文王、周公、孔子等人阐释、发掘、整理，成为一部重要的哲学著作。《周易》主要内容是研究吉凶、祸福，因此，如何趋吉避凶、转祸为福便成为该书主线。古人认为如人心术正，则获吉；心术不正，则获凶。不搞为非作歹之事，这就是"洁静"，即圣洁平和。而深入研究事物的道理、法则，就是"精微"，即能明察隐微。

07

属辞①比事②而不乱③，则深于《春秋》者也。

出处 《礼记·经解第二十六》

注释 ①属（zhǔ）辞：使字句相连缀，即作文。属，连缀；辞，字句。②比事：借鉴历史。比，比照。③乱：煽动战乱。

译文 撰写文章、借鉴历史，而又不煽动战乱，就是精通《春秋》的教化。

赏读 《春秋》一书，记载从鲁隐公元年（即周平王四十九年）到鲁哀公十四年（即周敬王三十九年）共二百四十二年的历史。为孔子所作。孟子说："世道衰微，邪说暴行又作，臣弑其君者有之，子弑其父者有之，孔子惧，作《春秋》。"道出了孔子作《春秋》的社会背景及目的。又说："《春秋》，记罪辩之事也。"目的是辨明是非，惩治罪恶。据《史记》记载，春秋时，"弑君三十六，亡国七十二"，所以《春秋》记载了诸侯相侵伐之事，又有争斗之辞，若不辨明是非对错及《春秋》褒贬之义，而专习侵伐之事，则易于煽动叛乱。

08

> 拨①乱世，反诸正②，莫近诸③《春秋》。

出处 《春秋公羊传·哀公十四年》

注释 ①拨：治理。②反诸正：回归于正确的原则。诸，"之于"的合音词。③莫近诸：没有什么能超过。

译文 治理动荡的社会，让它回到正道上来，没有能超过《春秋》一书了。

赏读 孔子作《春秋》，历史上是当作大事来记的。孔子为人臣，未受君命而作《春秋》，自言："其义则丘窃取之矣。"意为这是赏善伐恶之书。一字之褒，荣于华衮；一字之贬，肃于斧钺。孟子记载《春秋》产生震慑的社会效果是:"孔子成《春秋》,而乱臣贼子惧。"认为该书赏罚彰而善恶明,乱臣贼子无所逃于天地之间,乃治世之要务。所以《春秋公羊传》一书作者公羊高认为,如果要想治理乱世,反归于正道,没有能超过《春秋》一书的。"拨乱反正"的成语便源出于此。

09

《春秋》为尊者①讳②,为亲者③讳,为贤者④讳。

出处 《春秋公羊传·闵公元年》

注释 ①尊者:尊贵的人。②讳:避讳、隐讳,指因有所顾忌而不敢说或不愿说。③亲者:亲人。④贤者:贤能的人。

译文 《春秋》为尊贵的人避讳一些事,为亲人避讳一些事,为贤能的人避讳一些事。

赏读 这是讲《春秋》的著述原则。儒家认为尊者、亲者、贤者，即使有一些过失，也不应宣扬，《春秋》贵义，"成人之美，不成人之恶"，就像"孝子扬父之美，不扬父之恶"一样，所以对于尊者、亲者、贤者一些不伤及"义"的事，就隐讳起来，而不记载。这是《春秋》记载历史大事的一个原则。我国几千年的史实记载，事实上都秉承了这一原则。但由于这"三讳"，造成了我国历史记载的不少失实之处。历史应是秉笔直书的信史，才能使后人从中真正吸取经验、教训。

四书五经名句鉴赏

爱 情

01

关关①雎鸠②,在河之洲③。窈窕④淑女⑤,君子⑥好逑⑦。

出处 《诗经·周南·关雎》

注释 ①关关:雌雄二鸟相对而鸣的声音。②雎鸠:一名鹗(è),常在水面上飞翔,捕食鱼类,通称鱼鹰。③洲:水中的陆地。④窈窕:美好的样子。⑤淑女:好姑娘。淑,善、好。⑥君子:这里泛指未婚男子。⑦逑:

配偶。

译文 关关鸣叫的雎鸠，相恋在河上的小洲；美丽善良的好姑娘啊，是那英俊少年的好配偶。

赏读 这是《关雎》诗中的名句。作者从河中一对对雎鸠相恋时的鸣叫声托物起兴，写一个男子对一位美丽善良的姑娘的爱慕之情。诗中写"淑女"与"君子"相匹配，这正是理想中的爱情。故"淑女"一词，后世便成了形容善良美丽的女子的常用词语。

02

求之不得，寤寐①思服②。悠哉悠哉③，辗转④反侧⑤。

出处 《诗经·周南·关雎》

注释 ①寤寐：睡觉。寤，睡醒；寐，睡不着。②思服：相思。服，怀想。③悠哉悠哉：长长的夜啊！悠，久长，此指夜长。④辗转：一作"展转"，指身体翻来覆去，意为睡不着。⑤反侧：此处亦指翻来覆去。

译文 追求她又得不到手，无论梦里还是醒着老是相思；长夜漫漫，身躯儿翻来覆去睡不着。

赏读 这也是《关雎》诗中抒写爱情的名句。"求之不得，寤寐思服。悠哉悠哉，辗转反侧"，抒写相思之苦恼。想呀想，夜里睡不着，漫漫长夜，辗转反侧，其相思之苦，通过白描手法，已抒写得淋漓尽致，夜晚如此，则白天可想而知。真是多情人！

03

静女①其姝②，俟③我于城隅④。爱⑤而不见，搔首⑥踟蹰⑦。

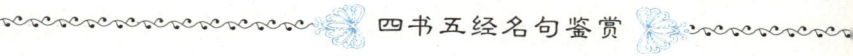

出处　《诗经·邶风·静女》

注释　①静女：文静的姑娘。静，贞静，文静。②姝：美貌。③俟：等。④城隅：城墙边。⑤爱：隐藏。⑥搔首：搔头。⑦踟蹰：心中迟疑，要走不走的样子。

译文 那文静的姑娘真漂亮,幽会密约在城边老地方;倩影儿一丝不见,急得我搔弄着头发,四顾彷徨。

赏读 这是《静女》一诗中的名句。开始一句"静女其姝"写出了男子对女子的赞美及倾慕,接着一句"俟我于城隅"写出了欢愉之情,第三句"爱而不见"点出了那姑娘活泼而又调皮的可爱性格,最后写出男子焦灼万分的情态:"搔首踟蹰",表达了男子对女子爱恋之深与痴迷程度。

04

一日不见,如三秋[①]兮!

出处 《诗经·王风·采葛》

注释 ①三秋:三季,即九个月。不能理解为三年。试看该诗共三章,第一章为"一日不见,如三月兮",第二章为"一日不见，如三秋兮"，第三章"一日不见，如三岁兮"。三岁，才指三年。以"秋"为一季节单位，一季三个月。

译文 一天不相见，好像隔了三秋九个月！

赏读 这是《采葛》中写思念的名句。对于热恋中的情人，分离是极大的痛苦，哪怕极短暂的时光，在有情人的感觉上便是漫长的难熬的岁月，所以很自然地脱口道出了"一日不见，如三月兮"，"一日不见，如三秋兮"，甚至"一日不见，如三岁兮"的叹息与无奈。从一日不见"如三月"，到"如三秋"，到"如三岁"，写分离时感到时光哪怕只有一天，也觉得像分别了三月、三秋甚至三年，表现了对情人无比深切而热烈的爱。这是描写思念之情的千古名句。

05

> 青青子衿①，悠悠我心②。纵我不往，子宁③不嗣音④?

出处 《诗经·郑风·子衿》

注释 ①青青子衿：你那青青的衣带。青青，颜色。子，你。衿，指系(jì)衣的带子。一指衣领。②悠悠我心：常常萦绕在我的心。悠悠，长久的样子。③宁：难道。④嗣(yí)音：送个信。嗣，《韩诗》"嗣"作"诒(yí)"，送给之意。音，音信。

译文 你那青青的衣领，常常萦绕在我的心。纵然我没来找你，你怎么能不送个音信？

赏读 这是写一个姑娘久等情人不至时的焦灼心情。这个女子当时在城边等候她的情人,但望眼欲穿,不见踪影,她于无奈之中来回走动,埋怨情人不赴约会,更抱怨他连个信息也不送一个,害她苦等,充分表达出了她对情人的无限怀恋之情。"青衿"后来便成了思念对象的借代词语。曹操《短歌行》道:"青青子衿,悠悠我心,但为君故,沉吟至今。"直接以"青衿"借代自己追求贤才的渴念,以达到"周公吐哺,天下归心"的愿望,即要与贤才们一起结束汉末以来连年不断的战乱局面,实现天下统一,完成像当年周公那样长治久安的丰功伟绩。

06

投我以木桃①,报之以琼瑶②。

出处 《诗经·卫风·木瓜》

注释 ①木桃:即桃子。②琼瑶:美玉。

译文 投给我一个木桃，回报她的是琼瑶。

赏读 这是《木瓜》一诗中的名句。《木瓜》一诗描写了男女互赠定情物。一个女子在采取果实时，见到自己心爱的情人，便顺手投给他一个木桃传递情意。这个小伙子知道这不是平常的瓜果，而是一个少女的心，他兴奋地接受了，立即解下佩带的美玉回赠。他说，这不是回报，而是表示一种永远相爱的心情："匪（非）报也，永以为好也。"

07

手如柔荑①，肤如凝脂②……螓首③蛾眉④。巧笑倩⑤兮，美目盼⑥兮。

出处 《诗经·卫风·硕人》

注释 ①柔荑（tí）：茅草刚长出的幼芽，

形容柔而白。②凝脂：如凝固的油脂，形容细嫩。③螓(qín)首：旧指美人的额头方广如螓。螓，虫名，似蝉而小。④蛾眉：一作娥眉，形容美人的眉毛细长而弯。后代指美人。⑤倩：笑靥，笑时面颊上露出的酒窝。⑥盼：（眼珠）黑白分明的样子。

译文　（她的）手指像嫩芽儿样，皮肤洁白像凝脂……方正的额头弯弯的眉。浅浅一笑酒窝美，明眸顾盼惹人醉。

赏读　《硕人》一诗据说是赞美卫庄公夫人庄姜的。这是该诗第二章的节选。这是描写女子美貌的经典名句。这几句诗用比喻和铺叙的手法，准确而形象地描绘出了庄姜形态之美，旧有"美人图"之称。这一工笔摹写的手法，对后世诗赋有很大影响。有人说："生动之处，《洛神》之蓝本也。"(注：

三国时魏曹植《洛神赋》，是我国古代文学名篇，相传系曹植为思念求之未得的甄氏女而作。）

08

髧①彼两髦②，实维我仪③，之死矢靡它④。

出处 《诗经·鄘风·柏舟》

注释 ①髧（dàn）：头发下垂的样子。②两髦：额头留的两边像丫角的头发。古时未成年男子的标志。③实维我仪：就是我的对象。维，是，为。仪，匹配，对象。④之死矢靡它：我发誓到死也不会改变爱他的心意。之，到。矢，发誓。靡，无。它，别的心意。

译文 那披散着头发的少年郎，和我是天生的一双，我发誓到死也不会改变我的心意。

赏读 "之死矢靡它"，这是《柏舟》诗中的名句。诗中的女主人公已经有了意中人，可是她的母亲又把她许给了另外的人家，她痛苦之极，呼天叫娘，说："母也天只!不谅人只!"发誓要"之死矢靡它"，决不改变心意，表达了对爱情的坚贞。

09

蒹葭①苍苍②，白露为霜③。所谓伊人④，在水一方⑤。

出处 《诗经·秦风·蒹葭》

注释 ①蒹葭(jiānjiā)：芦苇。蒹，没有长穗的芦苇。葭，初生的芦苇。②苍苍：茂盛的样子。③白露为霜：指深秋季节。④伊人：那个人。⑤一方：那一边，指河对岸。

译文 芦苇长又长,白露已成霜,意中的人儿,却在水的那一边。

赏读 这是表现相思惆怅的著名诗句。在一个白霜遍地的芦苇岸边,我们的诗人正凝视着河的另一方,思潮起伏,想念着意中的情人,但由于"道阻且长",可望而不可即,透露出诗人彷徨失望的无奈心情。诗句情景交融,非常动人。

10

> 桃之夭夭①,灼灼②其华③。之子④于归⑤,宜其室家⑥。

出处 《诗经·周南·桃夭》

注释 ①夭夭:生机勃勃的样子。②灼灼:花盛的样子。③华:同"花"。④之子:这个女子。之,这。子,指女子,古代女孩也称"子"。⑤于归:女子出嫁。⑥宜其室家：使婆家生活美好。宜，同"仪"，《尔雅》注："仪，善也。"室家，即家室。

译文 桃花怒放实多娇，红艳艳的花儿多光耀。这位姑娘出嫁了，夫家的生活会更美好。

赏读 《桃夭》是对女子出嫁的祝贺诗。"之子于归，宜其室家"，这几个字已成了中国千百年来女子出嫁时惯用的祝贺语。其首两句"桃之夭夭，灼灼其华"托物起兴，用桃花的鲜艳象征新娘的年轻貌美，祝贺她得到美好的姻缘。诗句中情绪热烈，洋溢着欢快的气氛。

11

死生契阔[①]，与子成说[②]。执[③]子之手，与子偕老[④]。

出处 《诗经·邶风·击鼓》

注释 ①死生契阔：生死相依。契，团聚。阔，离别。契阔，偏义复指，偏重阔别之义。②与子成说：与你盟誓约。子，指妻子。③执：拉；牵。④与子偕老：同你白头偕老。

译文 生死相依，我与你已发过誓。牵着你的手，和你一起白头到老。

赏读 《击鼓》一诗是写一个出征异国久戍不归的战士对妻子的怀念。节选的这几句是他回忆与妻子离别时的场景：他们紧紧握着手，相互起誓要生死相依，白头到老。此情此景宛在眼前，读来催人泪人。

12

摽有梅①，其实七兮②。求我庶士③，迨其吉兮④。

出处 《诗经·召南·摽有梅》

注释 ①摽（biào）有梅：扑打梅子。摽，击，打。②其实七兮：树上梅子还有十分之七。③求我庶士：追求我的小伙子们。庶，多。④迨其吉兮：要趁这青春好时光。迨，等，此处意为趁着。吉，吉时。

译文 扑打梅子纷纷落，梅子只剩七成多。追求我的小伙子们，赶快托媒来说合。

赏读 《摽有梅》是女子采梅时唱的情歌。"摽有梅，其实七兮"两句托物起兴，姑娘看到成熟的梅子被扑打，纷纷落地，树上的梅子愈来愈少，联想到自己青春快要消逝，婚姻还没有着落，于是唱出了自己的心事。

13

女也不爽①，士贰其行②。士也罔极③，二三其德④。

出处 《诗经·卫风·氓》

注释 ①爽：过错。②士贰其行：男的行为已改变。贰，不专一。③罔极：没有定准，猜不透。罔，无。极，止，定。④二三其德：

三心二意。

译文 本姑娘并没有过错呀，你的行为却已变了样。你的心思真猜不透呀，真是三心二意鬼心肠。

赏读 《氓》是一个被休弃的妇女诉说不幸遭遇的诗，是历来以男性为中心的社会中被遗弃妇女的典型控诉。全诗较长，叙述了男子求婚时装模作样，婚后该女子勤劳操持家务，而丈夫却变了心虐待她，弟兄们也讥笑她，三年后女子终被丈夫遗弃。这几句诗描述了女子被遗弃还家时的心理活动，回想自己并无过失，错在认错了人，"士贰其行""二三其德"，自己悔恨又有何用？

其 他

01

鸢^①飞戾^②天，鱼跃^③于渊^④。

出处 《诗经·大雅·旱麓》

注释 ①鸢(yuān)：即老鹰。②戾：至。③跃：跳跃。④渊：深水。

译文 苍鹰在蓝天飞翔，鱼儿在水中跳跃。

四书五经名句鉴赏

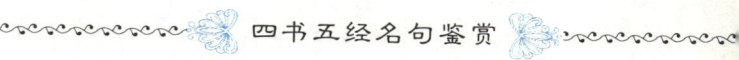

赏读 这两句诗比喻在一个理想的环境中，万物各得其所，自由角逐。毛泽东的《沁园春·长沙》一词中"鹰击长空，鱼翔浅底，万类霜天竞自由"之句，便是化用此诗，表达了青年时代的毛泽东对自由和革命的向往之情。《中庸》第十二章也曾引用这两句诗："故君子语大，天下莫能载焉；语小，天下莫能破焉。《诗》云：'鸢飞戾天，鱼跃于渊。'言其上下察也。"阐明君子的中庸之道在上下天地之间都能明显地体现出来，即"言其上下察也"。"鸢飞戾天，鱼跃于渊"，后世便凝缩为成语"鸢飞鱼跃"。

02

泰山①其②颓③乎？梁木④其坏乎？哲人⑤其萎⑥乎？

出处 《礼记·檀弓上第三》

注释 ①泰山：山名，在今山东。古人以泰山为高山的代表，常用来比喻敬仰的人或重大的有价值的事物。②其：句中语气词，表示揣测、反问、期望或命令。此表揣测。③颓：坍塌。④梁木：木结构屋架中专指顺着水平方向、架在柱子上的长条形承重构件，为众木所放之处。⑤哲人：智慧卓越的人。⑥萎：凋零。

译文 泰山要崩塌了吧？梁木要折断了吧？哲人要凋零了吧？

赏读 这是《礼记》中记载孔子临死前七天所唱的歌，是孔子感到圣王不出，自己道将不行、哲人将萎的叹息。其中以泰山颓、梁木坏比喻哲人之死，后世亦常引此来悼念一代伟人之逝世。

03 当今之世，舍①我其谁②也？

出处 《孟子·公孙丑下》

注释 ①舍：除掉。②其谁：还有谁，意为没有人。

译文 当今之世(如果要想平治天下)，除了我能做到，还能有谁呢？

赏读 这是孟子的宏伟抱负及自信之语。孔孟二人均有治世忧道的情怀，孟子更多次表明自己迫切希望参与治理天下。他说："五百年必有王者兴，其间必有名世者。"这是他独特的历史观。他认为从周文王、武王开国距今已七百多年了，应该有圣王出现，而自己能当"名世"之士，作伊尹、姜太公一类的人。所以他说，如果上天还不想使天下得到平治，那也就算了；如果天意想使天下得到平治，"当今之世，舍我其谁也"。充分显示了孟子强烈的历史使命感，体现了孟子豪迈的气概及乐观爽朗的性格。"舍我其谁"后世也常用来表现一个人豪迈而充满自信的英雄气概。

04

后生①可畏②，焉③知来者之不如今也？

出处 《论语·子罕第九》

注释 ①后生：年轻人。②可畏：值得敬畏。③焉：怎么。

译文 年轻人是值得敬畏的，怎能断定他们未来的成就就赶不上现在的人呢？

赏读 孔子告诫老一辈的人要相信和尊重年轻人，不要轻视他们，他们将来的成就，说不定会超过老一辈的。在这之后，孔子又接着指出："四十、五十而无闻(没有什么名望)，斯亦不足畏也已。"意思是趁年富力强，应珍惜时光，奋发上进，而不要蹉跎岁月，年华一过，则一事无成，就不值得敬畏了。

05

出于其类①，拔②乎其萃③。

出处　《孟子·公孙丑上》

注释　①出于其类：产生在这人群中。类，同类，指人群。②拔：高出。③萃：聚集，此指人群。

译文　(圣人)出自同一类的人，却远远高出于众人。

赏读　这是孟子对孔子的崇高礼赞。孟子认为孔子是人类中"出乎其类，拔乎其萃"的杰出人物，"自生民以来，未有盛于孔子也"，并表态说："乃所愿，则学孔子也。"值得注意的是，在这里孟子没有把历史上的圣人、圣王、贤人乃至一切伟人及英雄豪杰神化。他认为他们首先是人，"圣人之于民，亦类也"，只不过他们是"出于其类，拔乎其萃"的人。这是正确的伟人观。

06 深山大泽①，实生龙蛇②。

出处　《春秋左传·襄公二十一年》

注释　①大泽：大湖。②龙蛇：比喻非常之物。

译文　深山大泽之中，会生长龙蛇一类非常之物。

赏读　深山大泽，这是比喻非常之地；龙蛇，比喻非常之物。全句是说，非常之地多生非常之物。这与成语"地灵人杰"意思相近，均指雄伟奇秀的地理环境产生非凡的人物。

07 非我族类①，其心必异②。

出处 《春秋左传·成公四年》

注释 ①族类：指种族、民族。②异：不同。

译文 不是和我们同一种族的人，他的心思与我们不同。

赏读 "非我族类，其心必异"，这句带有种族歧视的话，在民族至上、狭隘民族主义盛行的国家或时代，被不少人奉为经典，作为行动的依据。当然，这中间的是是非非、善善恶恶，非常复杂，难以一概而论。但因此不知造成多少人间悲剧，只要稍微回顾一下中国以及世界的历史，便不难找到大量例证。今天，人类已进入21世纪的文明时代，强调民族平等、共处、融合，我们应该以史为鉴，自觉摒弃这种狭隘、落后的观念。

08

尺蠖①之屈②，以求信③也；龙蛇之蛰④，以存身⑤也。

出处 《周易·系辞下传》

注释 ①尺蠖(huò)：蛾的幼虫，行动时身体向上弯成弧形，像用大拇指和中指量距离一样，所以叫尺蠖。西南地区俗呼"寸寸虫"，因每屈伸一次，即前进一步，大约一寸距离。②屈：弯曲。③信(shēn)：同"伸"，伸展。④蛰：蛰伏。动物冬眠，潜伏起来不食不动。⑤存身：保存生命。

译文 尺蠖将身体弯曲收缩,是为了伸展、前行;龙蛇冬眠,是为了保全生命。

赏读 这是孔子的话。尺蠖这种虫子是靠一屈一伸而前行,它的屈正是为了求伸,没有屈就没有伸,屈与伸均十分重要。龙蛇冬天的蛰伏不动,也是为了保全生命,以待春天来临时的活动,现在的不动也是为了将来的动。孔子指出这种屈伸相续、动静相虚才能形成生生不息的大千世界。研究自然界的这种规律,达到随心所欲的入神地步,用之于人类社会,便无往而不利。

09

不怨天,不尤①人。

出处 《论语·宪问第十四》

注释 ①尤:怨恨,责怪。

译文 不怨恨老天,也不责怪他人。

赏读 这是孔子的话。人生在世,不如意事常八九,并非万事胜意,因此对任何挫折、不如意事,都要有充分的思想准备,既不能怨天,也不能尤人。或怀才不遇,牢骚满腹;或恃才傲物,凌上慢下;或玩物丧志,悲观失望:这些都是错误的。为什么?人生的际遇有好有坏,个人的才能有得到发挥的时候,也有卷藏不用的时候,这是正常的,所以时运好时,不要沾沾自喜,时运不好时,不要怨天尤人。毛泽东主席说得好:"牢骚太盛防肠断,风物长宜放眼量。"

10

动①则左史②书之③,言④则右史⑤书之。

出处 《礼记·玉藻第十三》

注释 ①动：（天子每天的）行动，即行事。②左史：又称太史，在国君之左厢，故名。掌记行之职。古人认为左主阳，阳主动，故左史记天子之行事。如《春秋》以记行事为主。③书之：记载下来。书，记载。④言：（天子每天的）言语，包括诰、诏、策等。⑤右史：又称内史，在国君之右厢，故名。掌记言之职。古人认为右属阴，阴主静，故右史记天子之言语。如《尚书》以记言语、诏、诰等为主。

译文 （天子每天的）行事由左史记载下来，（天子每天的）言语由右史记载下来。

赏读 我国自古以来即重视历史资料的记载与总结，此即"修史"。由官方设史官正式修史，从尧舜开始，迄今已有四千余年之久，从未间断，故中国史料极其浩繁而完

备。就世界范围看，这是一种罕见的现象。重视历史，这是中国人值得自豪之处。但由

官方修史也有弊端，这就是《春秋》所遵循的"为尊者讳，为亲者讳，为贤者讳"。由于这"三讳"，造成一些史料的失实，为后世研究与总结历史经验教训带来一定困难。

名句索引

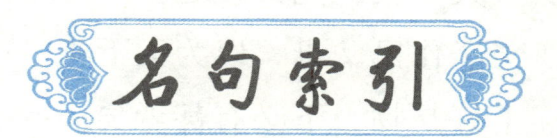

治 国

(一) 君臣言行

1. 政者，正也。君为正，则百姓从政矣。……………………………… 1
2. 天子者，与天地参，故德配天地……居处有礼，进退有度。…………… 3
3. 一言而可以兴邦……一言而丧邦。… 4

4. 君使臣以礼，臣事君以忠。⋯⋯⋯⋯ 5
5. 一家仁，一国兴仁；一家让，一国兴让；一人贪戾，一国作乱。⋯⋯⋯ 7
6. 一人有庆，兆民赖之。⋯⋯⋯⋯⋯ 8
7. 天子作民父母，以为天下王。⋯⋯ 9
8. 上好是物，下必有甚者矣。⋯⋯⋯ 10
9. 无偏无党，王道荡荡。⋯⋯⋯⋯⋯ 12

(二) 治国方略

1. 大道之行也，天下为公。⋯⋯⋯⋯ 13
2. 大学之道，在明明德，在亲民，在止于至善。⋯⋯⋯⋯⋯⋯⋯⋯⋯⋯⋯ 14
3. 国不以利为利，以义为利也。⋯ 16
4. 使老有所终，壮有所用，幼有所长，矜寡孤独废疾者，皆有所养。⋯ 17
5. 贵有德，贵贵，贵老，敬长，慈幼。⋯⋯⋯⋯⋯⋯⋯⋯⋯⋯⋯⋯⋯⋯⋯ 19
6. 《康诰》曰："惟命不于常。"道善

则得之，不善则失之矣。………… 20

7. 一张一弛，文武之道也。……… 21

8. 政不正，则君位危；君位危，则大臣倍，小臣窃。…………… 22

9. 刑肃而俗敝，则民弗归也，是谓疵国。………………………… 23

10. 君子安而不忘危，存而不忘亡，治而不忘乱。………………… 24

11. 危者，安其位者也；亡者，保其存者也；乱者，有其治者也。…… 25

12. 名不正则言不顺；言不顺则事不成。……………………………… 27

13. 唯器与名，不可以假人，君之所司也。………………………… 29

14. 制治于未乱，保邦于未危。…… 31

15. 为政者，不赏私劳，不罚私怨。· 32

16. 然犹防川，大决所犯，伤人必多，吾不克救也。不如小决使道。… 33

17. 怨不在大，亦不在小。⋯⋯⋯⋯⋯ 34
18. 宽以济猛，猛以济宽，政是以和。
    ⋯⋯⋯⋯⋯⋯⋯⋯⋯⋯⋯⋯ 35
19. 受有亿兆夷人，离心离德；予有乱
    臣十人，同心同德。⋯⋯⋯⋯⋯ 36
20. 故政不可不慎也，务三而已：一曰
    择人，二曰因民，三曰从时。⋯ 38
21. 他山之石，可以攻玉。⋯⋯⋯⋯ 39
22. 唇亡则齿寒。⋯⋯⋯⋯⋯⋯⋯⋯ 40
23. 其人存，则其政举；其人亡，则其
    政息。人道敏政，地道敏树。⋯ 42
24. 其身正，不令而行；其身不正，虽
    令不从。⋯⋯⋯⋯⋯⋯⋯⋯⋯⋯ 44
25. 苟正其身矣，于从政乎何有？不能正
    其身，如正人何？⋯⋯⋯⋯⋯⋯ 45

（三） 为政以德

1. 德惟善政，政在养民。⋯⋯⋯⋯ 47
2. 德惟治，否德乱。⋯⋯⋯⋯⋯⋯ 48

3. 皇天无亲，惟德是辅；民心无常，惟惠之怀。 ………………………… 49

4. 为政以德，譬如北辰，居其所而众星共之。 ………………………… 51

5. 善人为邦百年，亦可以胜残去杀矣。 ………………………………… 52

6. 未有仁而遗其亲者也，未有义而后其君者也。 ………………………… 54

7. 以不忍人之心，行不忍人之政，治天下可运之掌上。 ………………… 55

8. 三代之得天下也，以仁；其失天下也，以不仁。 ……………………… 56

9. 天子不仁，不保四海；诸侯不仁，不保社稷；卿大夫不仁，不保宗庙；士庶人不仁，不保四体。 ……… 58

10. 得道者多助，失道者寡助。 …… 59

11. 老吾老，以及人之老；幼吾幼，以及人之幼。 ………………………… 60

12. 行一不义，杀一不辜，而得天下，

皆不为也。................ 61

13. 与其杀不辜，宁失不经。......... 62

14. 虞帝弗可及也已矣！君天下，生无私，死不厚其子，子民如父母。
.... 63

(四) 任贤使能

1. 任官惟贤才，左右惟其人。...... 66
2. 任贤勿贰，去邪勿疑。.......... 67
3. 惟治乱在庶官，官不及私昵，惟其能。................ 68
4. 旁求俊彦，启迪后人。.......... 69
5. 虽楚有材，晋实用之。.......... 70
6. 举直错诸枉，则民服；举枉错诸直，则民不服。................ 71
7. 德成而教尊，教尊而官正，官正而国治。................ 73
8. 用人之知去其诈，用人之勇去其怒，用人之仁去其贪。............ 74

9. 凡官民材，必先论之；论辨，然后使之；任事，然后爵之；位定，然后禄之。………………… 75
10. 今吾子爱人则以政，犹未能操刀而使割也。………………………… 76

（五）爱民

1. 民为贵，社稷次之，君为轻。…… 78
2. 民惟邦本，本固邦宁。………… 80
3. 古之为政，爱人为大。………… 81
4. 若保赤子。……………………… 82
5. 君以民存，亦以民亡。………… 83
6. 民之所欲，天必从之。………… 84
7. 民之所好好之，民之所恶恶之，此之谓民之父母。………………… 85
8. 天视自我民视，天听自我民听。… 86
9. 天聪明，自我民聪明；天明畏，自我民明威。……………………… 87
10. 保民而王，莫之能御也。……… 89
11. 故君民者，子以爱之，则民亲之；

信以结之，则民不倍。………… 91

12. 桀纣之失天下也，失其民也，失其
　　 民者，失其心也。………… 92

13. 国之兴也，视民如伤，是其福也；
　　 其亡也，以民为土芥，是其祸也。
　　 ………… 93

14. 夙兴夜寐，朝夕临政，此以知其恤
　　 民也。………… 94

15. 兵车之会四，未尝有大战也，爱民
　　 也。………… 95

16. 凡使民，任老者之事，食壮者之食。
　　 ………… 96

(六) 理财

1. 生财有大道：生之者众，食之者
　 寡，为之者疾，用之者舒，则财恒
　 足矣。………… 98

2. 无三年之蓄，曰国非其国也。…… 99

3. 古者税什一。………… 100

4. 均无贫，和无寡，安无倾。…… 101

5. 不患寡而患不均，不患贫而患不安。
………………………………… 103

6. 长国家而务财用者，必自小人矣。
………………………………… 104

7. 仁者以财发身，不仁者以身发财。
………………………………… 105

8. 求，非我徒也，小子鸣鼓而攻之可
………………………… 也。107

(七) 教化

1. 夫民，教之以德，齐之以礼，则民有格心；教之以政，齐之以刑，则
………………… 民有遁心。108

2. 礼之教化也微，其止邪也于未形，使人日徙善远罪而不自知也。… 109

3. 圣人，百世之师也。………… 111

4. 闻伯夷之风者，顽夫廉，懦夫有立志；闻柳下惠之风者，薄夫敦，鄙

夫宽。……………………………… 112

5. 上无礼，下无学，贼民兴，丧无日矣。…………………………… 114

6. 其为父子兄弟足法，而后民法之也。…………………………………… 115

7. 修其教不易其俗，齐其政不易其宜。…………………………………… 117

8. 贵人而贱禄，则民兴让；尚技而贱车，则民兴艺。……………… 118

(八) 去邪

1. 君子道长，小人道消也。……… 119
2. 树德务滋，除恶务本。………… 121
3. 为国家者，见恶如农夫之务去草焉，芟夷蕴崇之，绝其本根，勿使能殖。…………………………………… 122
4. 长君之恶，其罪小；逢君之恶，其罪大。………………………… 123
5. 小子识之：苛政猛于虎也。…… 124

6. 吾恐季孙之忧，不在颛臾，而在萧墙之内也。……………………… 125

7. 行伪而坚，言伪而辩，学非而博，顺非而泽，以疑众。…………… 127

8. 为善不同，同归于治；为恶不同，同归于乱。…………………… 128

9. 善不积，不足以成名；恶不积，不足以灭身。…………………… 129

10. 政以治民，刑以正邪。既无德政，又无威刑，是以及邪。……… 130

11. 赫赫宗周，褒姒灭之。……… 131

12. 鼎之轻重，未可问也。……… 132

13. 不去庆父，鲁难未已。……… 133

14. 流共工于幽州，放欢兜于崇山，窜三苗于三危，殛鲧于羽山，四罪而天下咸服。……………………… 135

（九）反战

1. 争地以战，杀人盈野；争城以战，

杀人盈城。……………… 137

2. 善战者服上刑，连诸侯者次之，辟草莱任土地者次之。………… 138

3. 春秋无义战。……………… 139

4. 乃偃武修文，归马于华山之阳，放牛于桃林之野。…………… 141

5. 有人曰："我善为陈，我善为战。"大罪也。………………… 143

道　德

（一）道德的重要

1. 地势坤，君子以厚德载物。…… 146
2. 克明俊德，以亲九族。………… 147
3. 慎终追远，民德归厚矣。……… 148
4. 君子以其不受为义，以其不杀为仁。
 ………………………………… 149

5. 道得众，则得国；失众，则失国。是故君子先慎乎德。………… 151

6. 有德此有人，有人此有土，有土此有财，有财此有用。………… 152

7. 德者本也，财者末也。外本内末，争民施夺。………………… 153

8. 楚国无以为宝，惟善以为宝。… 155

9. 有德者必有言，有言者不必有德。… 156

10. 大德必得其位，必得其禄，必得其名，必得其寿。……………… 157

11. 积善之家，必有余庆；积不善之家，必有余殃。……………… 158

12. 君子之泽，五世而斩。………… 159

13. 君子之德风，小人之德草，草上之风必偃。………………… 161

(二) 提升道德水准

1. 君子进德修业，忠信，所以进德也。
   ………………………………… 162

2. 君子以成德为行，日可见之行也。
.... 163
3. 凡人之所以为人者，礼义也。 ... 164
4. 道德仁义，非礼不成。............ 165
5. 恭近礼，俭近仁，信近情。...... 165
6. 俭，德之共也；侈，恶之大也。 ... 167
7. 奢则不孙，俭则固，与其不孙也，宁固。... 167
8. 仁者，人也。........................... 168
9. 唯仁人为能爱人，能恶人。...... 169
10. 夫仁者，己欲立而立人，己欲达而达人。... 170
11. 恻隐之心，仁之端也；羞恶之心，义之端也；辞让之心，礼之端也；是非之心，智之端也。......... 171
12. 诚于中，形于外。............ 172
13. 诚者天之道也，诚之者人之道也。
.... 173

14. 凡有血气，皆有争心，故利不可强，思义为愈，义，利之本也。··· 175

15. 见义不为，无勇也。············ 177

16. 天下国家可均也，爵禄可辞也，白刃可蹈也，中庸不可能也。··· 178

(三) 道德的缺失

1. 人化物也者，灭天理而穷人欲者也。
············ 180

2. 国家之败，由官邪也。官之失德，宠赂章也。············ 182

3. 天反时为灾，地反物为妖，民反德为乱。············ 183

4. 孝敬忠信为吉德，盗贼藏匿为凶德。
············ 184

5. 君子中庸，小人反中庸。········ 185

6. 小人贫斯约，富斯骄，约思盗，骄思乱。············ 186

7. 数典而忘其祖。……………… 187

8. 君子喻于义，小人喻于利。…… 188

9. 饱食终日，无所用心，难矣哉。… 190

10. 乡原，德之贼也。……………… 191

11. 恶紫之夺朱也，恶郑声之乱雅乐也，恶利口之覆邦家者。…… 192

12. 人而无信，不知其可也。…… 194

13. 人之所以异于禽兽者几希！… 195

14. 小人闲居为不善，无所不至，见君子而后厌然，掩其不善，而著其善。………………………………… 196

15. 小人以小善为无益而弗为也，以小恶为无伤而弗去也。………… 197

16. 小人不耻不仁，不畏不义，不见利不劝，不威不惩。……………… 198

17. 士未可以言而言，是以言恬之也；可以言而不言，是以不言恬之也。
………………………………… 200

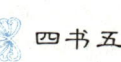

18. 无耻过作非。……………………… 201
19. 其未得之也，患得之；既得之，患失之；苟患失之，无所不至矣。… 202

修　养

（一）修身为本

1. 自天子以至于庶人，壹是皆以修身为本。……………………………… 204
2. 天下之本在国，国之本在家，家之本在身。……………………………… 206
3. 苟得其养，无物不长；苟失其养，无物不消。……………………………… 207
4. 性相近也，习相远也。……………… 209
5. 我善养吾浩然之气。………………… 210
6. 士不可以不弘毅，任重而道远。… 211

7. 德之不修，学之不讲，闻义不能徙，不善不能改，是吾忧也。………… 214

8. 苟日新，日日新，又日新。…… 215

9. 君子疾没世而名不称焉。……… 216

10. 子在川上曰："逝者如斯夫！不舍昼夜。"………………………… 217

11. 为政在人，取人以身，修身以道，修道以仁。………………… 218

(二) 修身之道

1. 有匪君子，如切如磋，如琢如磨。
   ………………………………… 221

2. 养心莫善于寡欲。…………… 222

3. 满招损，谦受益。时乃天道。…… 223

4. 居移气，养移体。…………… 225

5. 博闻强识而让，敦善行而不怠，谓之君子。………………… 226

6. 敖不可长，欲不可从，志不可满，

乐不可极。·················· 227

7. 貌曰恭，言曰从，视曰明，听曰聪，思曰睿。·············· 228

8. 好学近乎知，力行近乎仁，知耻近乎勇。知斯三者，则知所以修身。········ 229

9. 志于道，据于德，依于仁，游于艺。
·························· 230

10. 己所不欲，勿施于人。········ 232

11. 君子有诸己而后求诸人，无诸己而后非诸人。··············· 234

12. 君子贵人而贱己，先人而后己，则民作让。··············· 235

13. 君子之道，辟如行远必自迩，辟如登高必自卑。············· 236

14. 刑于寡妻，至于兄弟，以御于家邦。·················· 237

15. 谦谦君子，卑以自牧也。····· 238

16. 君子怀德，小人怀土；君子怀刑，

小人怀惠。.................. 239

17. 质胜文则野，文胜质则史，文质彬彬，然后君子。.................. 240

18. 子贡曰："贫而无谄，富而无骄，何如？"子曰："可也。未若贫而乐，富而好礼者也。"............ 241

19. 礼义之始，在于正容体，齐颜色，顺辞令。.................. 243

20. 富贵而知好礼，则不骄不淫；贫贱而知好礼，则志不慑。......... 244

21. 君子远庖厨。.................. 245

(三) 慎独自省

1. 见贤思齐焉，见不贤而内自省也。
   246

2. 吾日三省吾身：为人谋而不忠乎？与朋友交而不信乎？传不习乎？......... 247

3. 君子必慎其独也。.................. 249

4. 十目所视，十手所指，其严乎！… 250
5. 富润屋，德润身，心广体胖，故君子必诚其意。…………………… 251
6. 君子有九思：视思明，听思聪，色思温，貌思恭，言思忠，事思敬，疑思问，忿思难，见得思义。… 252
7. 君子动则思礼，行则思义，不为利回，不为义疚。………………… 254
8. 爱人不亲，反其仁；治人不治，反其智；礼人不答，反其敬。…… 255
9. 绳愆纠谬，格其非心，俾克绍先烈。…………………………………… 256
10. 不患人之不己知，患不知人也。…………………………………… 258

（四）严于律己

1. 玩人丧德，玩物丧志。………… 259
2. 不矜细行，终累大德。………… 260

3. 祸福无门，唯人所招。 261

4. 不作无益害有益。 262

5. 士志于道，而耻恶衣恶食者，未足与议也。 262

6. 天作孽，犹可违；自作孽，不可逭。
.... 264

7. 巧言令色，鲜矣仁。 264

8. 营营青蝇，止于樊。岂弟君子，无信谗言。 266

9. 君子周而不比，小人比而不周。 ... 267

10. 攻乎异端，斯害也已。 268

11. 素隐行怪，后世有述焉，吾弗为之矣。 269

12. 很毋求胜，分毋求多。 270

13. 过而不改，是谓过矣。 271

14. 人不可以无耻，无耻之耻，无耻矣。 272

15. 人病舍其田而芸人之田，所求于人

者重，而所以自任者轻。…… 274

16. 饮食男女，人之大欲存焉。…… 275

伦　理

（一）伦理准则

1. 君君、臣臣、父父、子子。…… 278
2. 君不君，臣不臣，此天下所以倾也。
   ………………………………… 280
3. 父父、子子、兄兄、弟弟、夫夫、妇妇，而家道正。……………… 281
4. 父慈，子孝，兄良，弟弟，夫义，妇听，长惠，幼顺，君仁，臣忠，十者谓之人义。……………… 283
5. 为人君，止于仁；为人臣，止于敬；为人子，止于孝；为人父，止于慈；

与国人交，止于信。·················· 285

6. 亲亲，尊尊，长长，男女之有别，人道之大者也。················ 286

（二）孝为人本

1. 孝弟也者，其为仁之本与！······ 287
2. 夫孝，置之而塞乎天地，溥之而横乎四海，施诸后世而无朝夕。····· 288
3. 孝有三：大孝尊亲，其次弗辱，其下能养。················ 290
4. 孝有三：小孝用力，中孝用劳，大孝不匮。················ 291
5. 夫孝者，善继人之志，善述人之事者也。················· 292
6. 孝子之养老也，乐其心，不违其志；乐其耳目，安其寝处。········ 293
7. 凡为人子之礼，冬温而夏清，昏定

而晨省。………………………… 294

8. 今之孝者，是谓能养，至于犬马，皆能有养。不敬，何以别乎？…… 297

9. 哀哀父母，生我劬劳。………… 298

10. 父兮生我，母兮鞠我。拊我畜我，长我育我，顾我复我，出入腹我。欲报之德，昊天罔极。……… 299

11. 从命不忿，微谏不倦，劳而不怨，可谓孝矣。………………… 301

12. 善则称亲，过则称己，则民作孝。……………………………… 302

13. 孝子之事亲也，有三道焉……养则观其顺也，丧则观其哀也，祭则观其敬而时也。………… 304

14. 长民者，朝廷敬老，则民作孝。……………………………… 305

节　操

(一) 人格尊严

1. 富贵不能淫，贫贱不能移，威武不能屈。……………………………… 307
2. 三军可夺帅也，匹夫不可夺志也。……………………………………… 309
3. 士穷不失义，达不离道。……… 310
4. 穷则独善其身，达则兼善天下。 311
5. 予唯不食嗟来之食，以至于斯也。……………………………………… 312
6. 不事王侯，高尚其事。………… 313
7. 岁寒，然后知松柏之后凋也。··· 315
8. 可以托六尺之孤，可以寄百里之命，临大节而不可夺也，君子人与？君子人也！……………………………… 315
9. 柳下惠不以三公易其介。……… 318

10. 儒有可亲而不可劫也，可近而不可迫也，可杀而不可辱也。…… 319

11. 儒有不宝金玉，而忠信以为宝；不祈土地，立义以为土地；不祈多积，多文以为富。………… 320

12. 儒有内称不辟亲，外举不辟怨。321

13. 儒有不陨获于贫贱，不充诎于富贵，不慁君王，不累长上，不闵有司，故曰儒。………… 322

14. 戴仁而行，抱义而处，虽有暴政，不更其所，其自立有如此者。…… 323

(二) 舍生取义

1. 志士仁人，无求生以害仁，有杀身以成仁。………… 324

2. 生，亦我所欲也，义，亦我所欲也，二者不可得兼，舍生而取义者也。
………… 325

3. 苟利社稷，死生以之。………… 327
4. 故天将降大任于是人也，必先苦其心志，劳其筋骨，饿其体肤，空乏其身，行拂乱其所为，所以动心忍性，曾益其所不能。………… 328
5. 君子辞贵不辞贱，辞富不辞贫。… 330
6. 不义而富且贵，于我如浮云。… 332
7. 富与贵，是人之所欲也，不以其道得之，不处也；贫与贱，是人之所恶也，不以其道得之，不去也。 333
8. 志士不忘在沟壑，勇士不忘丧其元。………… 334
9. 君子依乎中庸，遁世不见知而不悔。………… 335
10. 君子固穷，小人穷斯滥矣。…… 336
11. 万钟则不辨礼义而受之，万钟于我何加焉？………… 337

(三) 清廉正直

1. 直其正也，方其义也，君子敬以直内，义以方外。⋯⋯⋯⋯⋯⋯⋯⋯ 339

2. 临财毋苟得，临难毋苟免。⋯⋯⋯ 340

3. 近文章，砥厉廉隅。虽分国如锱铢，不臣不仕。其规为有如此者。⋯ 342

4. 直哉史鱼!邦有道如矢，邦无道如矢。
⋯⋯⋯⋯⋯⋯⋯⋯⋯⋯⋯⋯⋯⋯ 343

5. 董狐，古之良史也，书法不隐；赵宣子，古之良大夫也，为法受恶。
⋯⋯⋯⋯⋯⋯⋯⋯⋯⋯⋯⋯⋯⋯ 345

6. 太史书曰："崔杼弑其君。"崔子杀之。其弟嗣书，而死者二人，其弟又书⋯⋯⋯⋯⋯⋯⋯⋯⋯⋯⋯⋯ 347

7. 见利思义，见危授命，久要不忘平生之言，亦可以为成人矣!⋯⋯ 349

处　世

（一）　知所进退

1. 邦有道，危言危行；邦无道，危行言孙。……………………………………… 351
2. 既明且哲，以保其身。………… 353
3. 天地变化，草木蕃；天地闭，贤人隐。……………………………………… 354
4. 沧浪之水清兮，可以濯我缨；沧浪之水浊兮，可以濯我足。……… 355
5. 彼一时也，此一时也。………… 356
6. 不在其位，不谋其政。………… 357
7. 入竟而问禁，入国而问俗，入门而问讳。………………………………… 358
8. 工欲善其事，必先利其器。居是邦也，事其大夫之贤者，友其士之仁者。……………………………………… 360

9. 天地不交，否。君子以俭德辟难，不可荣以禄。⋯⋯⋯⋯⋯ 361

10. 用之则行，舍之则藏。⋯⋯⋯⋯ 362

11. 天下有道，以道殉身；天下无道，以身殉道。未闻以道殉乎人者也。
⋯⋯⋯⋯⋯⋯⋯⋯⋯⋯⋯⋯ 363

12. 危邦不入，乱邦不居。⋯⋯⋯⋯ 364

13. 贤者辟世，其次辟地，其次辟色，其次辟言。⋯⋯⋯⋯⋯⋯⋯⋯ 365

14. 愚而好自用，贱而好自专，生乎今之世，反古之道。如此者，灾及其身者也。⋯⋯⋯⋯⋯⋯⋯ 367

15. 虽鞭之长，不及马腹。⋯⋯⋯⋯ 368

（二）尊上敬下

1. 居上不骄，为下不倍。⋯⋯⋯⋯⋯ 369

2. 所恶于上，毋以使下；所恶于下，毋以事上。⋯⋯⋯⋯⋯⋯⋯ 370

615

3. 获乎上有道，不信乎朋友，不获乎上矣。……………………………… 371
4. 在上位不陵下，在下位不援上。… 372
5. 恶称人之恶者，恶居下流而讪上者。……………………………………… 374
6. 为人臣下者，有谏而无讪，有亡而无疾。…………………………… 375
7. 下之事上也，虽有庇民之大德，不敢有君民之心。………………… 377
8. 父母有过，谏而不逆。………… 378
9. 当仁不让于师。………………… 379

(三) 谨言慎行
1. 言有物而行有格也，是以生则不可夺志，死则不可夺名。………… 380
2. 言必虑其所终，而行必稽其所敝。……………………………………… 381
3. 言顾行，行顾言。……………… 382

4. 言之所以为言者，信也。言而不信，何以为言？ …………………… 383

5. 非知之艰，行之惟艰。………… 384

6. 言人之不善，当如后患何？ …… 386

7. 君子不失足于人，不失色于人，不失口于人。…………………… 387

8. 君子素其位而行。……………… 388

9. 君子成人之美，不成人之恶。小人反是。……………………… 389

10. 君子和而不同，小人同而不和。… 389

11. 君子病无能焉，不病人之不己知也。…………………………… 391

12. 白圭之玷，尚可磨也；斯言之玷，不可为也。……………………… 392

13. 知者不失人，亦不失言。……… 393

14. 君子不以言举人，不以人废言。… 394

15. 巧言乱德。小不忍，则乱大谋。… 395

16. 口惠而实不至，怨菑及其身。… 396

17. 无稽之言勿听，弗询之谋勿庸。
 397

18. 出乎尔者，反乎尔者也。...... 398

19. 群居终日，言不及义，好行小慧，难矣哉！ 401

20. 人之患，在好为人师。......... 402

21. 人有不为也，而后可以有为。... 403

22. 仲尼不为已甚者。................ 403

23. 好人之所恶，恶人之所好，是谓拂人之性，灾必逮夫身。......... 404

(四) 交友贵德

1. 友也者，友其德也。............. 406

2. 益者三友……友直，友谅，友多闻，益矣。................................ 407

3. 损者三友……友便辟，友善柔，友便佞，损矣。........................ 408

4. 主忠信，无友不如己者。...... 409

5. 君子以文会友，以友辅仁。...... 410

6. 晏平仲善与人交，久而敬之。… 411

7. 里仁为美。择不处仁，焉得知？… 412

8. 子贡问友。子曰："忠告而善道之，不可则止，毋自辱焉。"……… 413

9. 道不同，不相为谋。…………… 415

10. 君子之接如水，小人之接如醴。
    ……………………………………… 416

11. 轻绝贫贱而重绝富贵，则好贤不坚而恶恶不著也。………… 417

12. 君子泰而不骄，小人骄而不泰。
    ……………………………………… 418

13. 爱而知其恶，憎而知其善。
    ……………………………………… 419

(五) 居安思危

1. 生于忧患，而死于安乐也。…… 421

2. 人无远虑，必有近忧。………… 422

3. 战战兢兢，如临深渊，如履薄冰。
   423
4. 夫子之在此也，犹燕之巢于幕上。
   424
5. 躬自厚，而薄责于人，则远怨矣。
   425
6. 德薄而位尊，知小而谋大，力小而任重，鲜不及矣。................ 426
7. 君子见几而作，不俟终日。...... 427

教 育

(一) 立教兴邦

1. 建国君民，教学为先。............ 430
2. 化民易俗，近者悦服而远者怀之，此大学之道也。................ 432
3. 君子如欲化民成俗，其必由学乎！
   433

4. 谨庠序之教，申之以孝悌之义，颁白者不负戴于道路矣。……… 435

5. 爱子，教之以义方，弗纳于邪。… 436

6. 立爱自亲始，教民睦也；立教自长始，教民顺也。…………… 438

7. 恭俭庄敬，《礼》教也。……… 439

(二) 教育机制

1. 古之教育，家有塾，党有庠，术有序，国有学。……………… 441

2. 一年视离经辨志，三年视敬业乐群，五年视博习亲师，七年视论学取友，谓之小成。九年知类通达，强立而不反，谓之大成。…………… 443

3. 有教无类。……………… 445

4. 自行束脩以上，吾未尝无诲焉。… 446

5. 教三行：一曰孝行，以亲父母；二曰友行，以尊贤良；三曰顺行，以

事师长。⋯⋯⋯⋯⋯⋯⋯⋯⋯⋯ 447

6. 养国子以道,乃教之六艺。⋯⋯ 449

7. 教六诗:曰风,曰赋,曰比,曰兴,曰雅,曰颂。⋯⋯⋯⋯⋯⋯⋯⋯ 450

(三) 为师之道

1. 凡学之道,严师为难。师严然后道尊,道尊然后民知敬学。⋯⋯⋯ 452

2. 得天下英才而教育之,三乐也。⋯ 453

3. 学而不厌,诲人不倦。⋯⋯⋯⋯ 455

4. 夫子循循然善诱人。⋯⋯⋯⋯⋯ 456

5. 不愤不启,不悱不发。⋯⋯⋯⋯ 458

6. 温故而知新,可以为师矣。⋯⋯ 459

7. 子以四教:文、行、忠、信。⋯ 460

8. 记问之学,不足以为人师。⋯⋯ 461

9. 君子既知教之所由兴,又知教之所由废,然后可以为人师也。⋯⋯ 462

(四) 为学之方

1. 虽有至道，弗学，不知其善也。… 464
2. 学而时习之，不亦说乎？……… 465
3. 博学之，审问之，慎思之，明辨之，笃行之。…………………… 466
4. 朝闻道，夕死可矣。………… 468
5. 笃信好学，守死善道。………… 470
6. 仕而优则学，学而优则仕。…… 471
7. 博学而详说之，将以反说约也。… 472
8. 三人行，必有我师焉。………… 473
9. 择师不可不慎也。…………… 474
10. 知之为知之，不知为不知，是知也。…………………… 475
11. 尽信书，则不如无书。……… 476
12. 学而不思则罔，思而不学则殆。… 478
13. 学者有四失，教者必知之。…… 479
14. 天行健，君子以自强不息。…… 480

15. 君子不重则不威，学则不固。··· 482

16. 女为君子儒，勿为小人儒。…… 483

17. 士而怀居，不足以为士矣。--- 484

18. 为山九仞，功亏一篑。……… 485

19. 一日暴之，十日寒之。……… 486

20. 人一能之，己百之；人十能之，己千之。………………………… 487

21. 日知其所亡，月无亡其所能，可谓好学也已矣。……………… 488

哲 学

（一）论自然规律

1. 日中则昃，月盈则食，天地盈虚，与时消息。………………… 490

2. 反其复道，七日来复，天行也。··· 492

3. 无平不陂，无往不复，艰贞无咎。
   493
4. 同声相应，同气相求。............ 494
5. 一阴一阳之谓道，继之者善也，成之者性也。........................ 495
6. 方以类聚，物以群分，吉凶生矣。
   497
7. 日月得天，而能久照；四时变化，而能久成。........................ 499
8. 天命之谓性，率性之谓道，修道之谓教。............................... 500
9. 仰以观于天文，俯以察于地理，是故知幽明之故；原始反终，故知死生之说。........................ 502
10. 致中和，天地位焉，万物育焉。... 503
11. 时止则止，时行则行。动静不失其时，其道光明。.................. 505

（二）朴素的辩证法

1. 穷则变，变则通，通则久。……507
2. 形而上者谓之道，形而下者谓之器，化而裁之谓之变。……508
3. 可以赞天地之化育，则可以与天地参矣。……510
4. 汤、武革命，顺乎天而应乎人。……512
5. 泰者，通也。物不可以终通，故受之以否。……513

（三）学说核心

1. 仁也者，人也，合而言之，道也。……515
2. 人心惟危，道心惟微，惟精惟一，允执厥中。……516
3. 克己复礼为仁。……518
4. 中者天下之正道，庸者天下之定理。……519

5. 人之所不学而能者，其良能也；所不虑而知者，其良知也。……… 520

6. 夫子之道，忠恕而已矣。……… 522

(四) 学术争鸣

1. 杨氏为我，是无君也；墨氏兼爱，是无父也。无父无君，是禽兽也。
……………………………………… 523

2. 或劳心，或劳力；劳心者治人，劳力者治于人。……………… 525

3. 以顺为正者，妾妇之道也。…… 528

文 艺

(一) 文艺功能

1. 《诗》，可以兴，可以观，可以群，可以怨。……………… 530

2. 诗言志，歌永言，声依永，律和声。
  ································· 531
3. 德者，性之端也；乐者，德之华也。
  ································· 533
4. 声音之道，与政通矣。··········· 534
5. 乐至则无怨，礼至则不争。······ 535
6. 兴于诗，立于礼，成于乐。······ 536
7. 不学《诗》，无以言。··········· 538

(二) 经籍评价

1. 其为人也，温柔敦厚，《诗》教也。
  ································· 539
2. 《诗》之失愚，《书》之失诬，《乐》之失奢，《易》之失贼，《礼》之失烦，《春秋》之失乱。
  ································· 540
3. 温柔敦厚而不愚，则深于《诗》者也。·························· 542

4. 《诗》三百，一言以蔽之，曰：思无邪。·············· 543

5. 《关雎》乐而不淫，哀而不伤。··· 544

6. 洁静精微而不贼，则深于《易》者也。·············· 545

7. 属辞比事而不乱，则深于《春秋》者也。·············· 546

8. 拨乱世，反诸正，莫近诸《春秋》。·············· 548

9. 《春秋》为尊者讳，为亲者讳，为贤者讳。·············· 549

爱　情

1. 关关雎鸠，在河之洲。窈窕淑女，君子好逑。·············· 552

2. 求之不得，寤寐思服。悠哉悠哉，辗转反侧。 ················ 553

3. 静女其姝，俟我于城隅。爱而不见，搔首踟蹰。 ················ 554

4. 一日不见，如三秋兮！ ············ 556

5. 青青子衿，悠悠我心。纵我不往，子宁不嗣音？ ················ 558

6. 投我以木桃，报之以琼瑶。 ······ 559

7. 手如柔荑，肤如凝脂……螓首蛾眉。巧笑倩兮，美目盼兮。 ··········· 560

8. 髧彼两髦，实维我仪，之死矢靡它。 ································ 562

9. 蒹葭苍苍，白露为霜。所谓伊人，在水一方。 ················ 563

10. 桃之夭夭，灼灼其华。之子于归，宜其室家。 ················ 564

11. 死生契阔，与子成说。执子之手，

与子偕老。⋯⋯⋯⋯⋯⋯⋯⋯ 565
12. 摽有梅，其实七兮。求我庶士，迨其吉兮。⋯⋯⋯⋯⋯⋯⋯⋯ 566
13. 女也不爽，士贰其行。士也罔极，二三其德。⋯⋯⋯⋯⋯⋯⋯⋯ 567

其 他

1. 鸢飞戾天，鱼跃于渊。⋯⋯⋯⋯ 570
2. 泰山其颓乎？梁木其坏乎？哲人其萎乎？⋯⋯⋯⋯⋯⋯⋯⋯ 572
3. 当今之世，舍我其谁也？⋯⋯⋯ 574
4. 后生可畏，焉知来者之不如今也？⋯ 575
5. 出于其类，拔乎其萃。⋯⋯⋯⋯ 576
6. 深山大泽，实生龙蛇。⋯⋯⋯ 577
7. 非我族类，其心必异。⋯⋯⋯ 578

8. 尺蠖之屈，以求信也；龙蛇之蛰，以存身也。……………… 579
9. 不怨天，不尤人。……… 580
10. 动则左史书之，言则右史书之。… 581